# Écrits sur la médecine

*Écrits sur la médecine*
*Avant-propos d'Armand Zaloszyc*
by Georges Canguilhem

# 캉길렘의 의학론

## 자연, 질병, 건강, 치유, 유기체와 사회에 대하여

조르주 캉길렘 지음 | 여인석 옮김

그린비

**일러두기**

1 이 책은 Georges Canguilhem, *Écrits sur la médecine*, Éditions du Seuil, 2002을 완역한 것이다.

2 주석은 모두 각주이며, 옮긴이 주는 끝에 '— 옮긴이'라고 표시했다. 또한 본문 이해를 위해 옮긴이가 보충한 부분은 대괄호([ ])로 표시했다

3 단행본 · 정기간행물 등에는 겹낫표(『 』)를, 논문 · 단편 등에는 낫표(「 」)를 사용했다.

4 외국어 고유명사는 2002년 국립국어원에서 펴낸 외래어표기법을 따랐다.

# 서문

조르주 캉길렘이 펴낸 책들은 일종의 불균질적 구성을 특징으로 한다고 나는 늘 생각했다. 그의 학위 논문 두 편, 즉 『정상적인 것과 병리적인 것』과 『17, 18세기 반사 개념의 형성』(모두 프랑스대학출판사PUF에서 나왔다)을 제외하고는 기본적으로 여기저기서, 그리고 상당한 시간 간격을 두고 발표한 글들을 모아 선집을 만들어 한 권의 책으로 펴낸 것이다. 그렇게 해서 나온 책들이 『과학사·과학철학 연구』, 『생명에 대한 인식』, 『생명과학의 역사에 나타난 이데올로기와 합리성』(이제는 모두 브랭Vrin에서 나왔다)이다. 그러나 우리에게 주어진 것은 작업이나 지식 전달의 방법이라기보다는 방향의 제시라고 나는 생각한다.

캉길렘이 우리에게 제시하고자 한 것은 어쩌면 그가 창안했던 새로운 지식의 대상, 다시 말해 새로운 윤곽과 예상 밖의 확장성을 지닌 새로운 지식의 대상이 아니었을까? 항상 엄격했던 이 교육자는 다른 국면을 통해 총체적 거대이론의 비일관성을 주장하는 논리의 징표를 보여 주었던 것은 아닐까? 그것의 또 다른 증거를 나는 그가 1970년 전혀 예상치 않게 "비정형 학설의 수학화"에 대한 국립학문연구소의 학술행사를 주재한 사실에서 발견한다.

따라서 조르주 캉길렘의 저작이 가지는 독특한 풍미는 그의 경우 방향 제시, 엄밀성, 박학, 정확성 등 외견상 분산된 형태의 내용이 생명과학의 역사와 철학이라는 영역에서 서로 결합되어 있다는 사실에 있다. 그러나 그는 기존 분야를 답습하기보다는 그 영역과 경계를 스스로 만들어 냈다. 따라서 산종dissémination이 그의 작업을 표현하는 적절한 단어가 될 것이다.

우리는 캉길렘의 관심사에서 그가 항상 다수의 예외 사례를 통해 규칙에 의문을 제기했음을 엿볼 수 있다. 이 선집도 예외는 아니다. 이 선집의 일관성은 분명하다. 그것은 의학의 역사와 철학에 관한 것이다. 이 책에서 읽을 수 있는 다섯 편의 글과 『과학사·과학철학 연구』 마지막 판에 "의학"이라는 표제 아래에 실린 다른 세 편의 글을 더하면 조르주 캉길렘이 의학에 대해 쓴 모든 글을 포괄하게 될 것이다. 적어도 카미유 리모주가 작성한 아주 상세한 비판적 참고문헌 목록에 의지한다면 그렇게 말할 수 있다.[1] 다만 예외로 항상 의학과의

1 Camille Limoges, "A Critical Bibliography", *A Vital Rationalist, Selected Writings from Georges Canguilhem*, ed. François Delaporte, New York, Zone Books, 1994, pp. 385~454.

경계가 불분명한 생리학 연구와 1976년 파리에서 "생물학과 인간의 미래"라는 주제로 열린 국제학술대회에서 "삶의 질, 죽음의 존엄성"이라는 제목으로 했던 짧은 폐회사가 있다. 후자는 이 책에 실린 글의 성격에 부합하는 것으로 환자에 대한 성찰을 담고 있다. 이 책의 통일성은 이상과 같다. 이 책이 어떻게 산종하는가를 보는 것은 이제 독자의 몫이다.

아르망 잘로식

# 원문에 대한 참고사항

이 책에 모은 조르주 캉길렘의 글들이 처음 실린 간행물은 비공식적이거나 지금은 절판되어 접근하기가 어려운, 그래서 찾을 수가 없는 것들이 다수다. 그래서 이 글들을 다시 펴낼 이유가 충분히 있다고 생각했다. 이 책에 실린 글을 선택하는 과정에서 베르나르 캉길렘과 호의적인 분위기에서 토론했고, 우리는 완벽한 의견 일치를 봤다.

두 편의 글을 제외한 나머지 글은 조르주 캉길렘이 출판되기 이전에 다시 읽어 보지 못한 것 같다. 이것들은 누군가의 요청을 받아 학회발표를 위해 제출한 글들이다(1, 3, 5편). 나머지 두 글은 처음부터 책에 실을 목적으로 쓴 것이다(2, 4편). 이 글들에는 각주나 참고문헌 목록이 포함되어 있다. 학회발표문은 거의 각주가 없는데, 글을 읽어 보면 발표문이어서 각주가 없다기보다는 캉길렘 글의 특성상 발표문이 아니어도 각주를 달지 않았을 것이라고 인정하게 된다. 명백히 그가 다시 읽지 않은 것으로 보이는 다섯 번째 글에 대해서는 한 가지 특기할 사항이 있다. 아마도 그가 수정할 수 있었다면 한두 문장으로 이루어진 짧은 단락을 처음 인쇄된 것처럼 그냥 내버려 두지는 않았을 것이다. 그는 스스로 토로하듯이 "아주 조리 있는 담론의 덩어리로 자신의 생각을 표현하고자" 노력했던 사람이기 때문이다. 부족하지만 내가 여기에 쓴 소개의 글도 그런 취지다.

A.Z.

이 책에 실린 각 글의 출처는 아래와 같다.

「의학 이론과 실천에서 자연 관념」"L'idée de nature dans la théorie et la pratique médicales", *Médecine de l'homme. Revue du Centre catholique des médecins français*, no. 43, March 1972, pp. 6~12.

「질병」"Les maladies", André Jacob (dir.), *Encyclopédie philosophique universelle. Volume I: L'Univers philosophique*, Paris, PUF, 1989, pp. 1233~1236.

「건강: 통속적 개념과 철학적 질문」"La santé: concept vulgaire et question philosophique", *Cahiers du séminaire de philosophie no. 8: La santé*, Strasbourg, Éditions Centre de documentation en histoire de la philosophie, 1988, pp. 119~133(뤼시앵 브라운의 초청으로 1988년 5월 스트라스부르에서 열린 학회에서 발표된 논문이다). 또한 소책자 형태로도 발간되었다(Pin-Balma, Sables Éd., 1990, 36 p).

「치유에 대한 교육은 가능한가?」"Une pédagogie de la guérison est-elle possible?", J.-B. Pontalis (dir.), *Nouvelle Revue de psychanalyse*, no. 17, Spring 1978, pp. 13~26.

「유기체와 사회에서 조절의 문제」"Le problème des régulations dans l'organisme et dans la société", *Cahiers de l'Alliance israélite universelle*, no. 92, Paris, Sept.-Oct. 1955, pp. 64~73. 토론문은 싣지 않았다(pp. 73~81).

차례

# 캉길렘의 의학론

# 의학 이론과 실천에서 자연 관념

환자 대 의사 관계가 한 번이라도 기계적 차원의 단순한 관계가 되는 데 성공한 적이 있었는가 우리는 자문해 볼 수 있다. 여기서 말하는 단순한 관계란 이 명백한 공간에 이질적인 매개 없이 원인과 효과, 치료행위와 그 결과를 동일한 차원과 수준에서 서로 직접 연결되도록 기술할 수 있는 그러한 관계를 말한다. 어쨌든 치유하는 자연nature médicatrice에 대한 오랜 세대에 걸친 요청은 그러한 매개체에 대한 준거가 되었고, 또 그렇게 남아 있음은 분명하다. 이 매개체의 역할은 아마도 역사를 통틀어 의사-환자라는 쌍이, 상대방의 행동에 서로 전적으로 만족한다는 말을 들을 수 있는 조화로운 쌍이었던 적은 극히 드물었다는 사실을 설명하는 것이리라.

의사의 소망은 어떤 효과적인 개입을 통해 환자 스스로의 방법으로는 얻을 수 없는 개선과 회복을 환자에게 가져다주는 것이다. 이

소망은 모든 돌팔이 치료를 진심으로, 그리고 집요하게 피하는 것과 상치되지 않는다. 오히려 그것은 직업적인 정직함이다. 이러한 소망으로 인해 의사는 병든 유기체가 외부의 조작과 자극에 수동적이고 복종적인 대상에 지나지 않는다는 관념까지도 가질 수 있을 것이다. 19세기 초 이탈리아와 독일에서 아주 유명했던 스코틀랜드 출신의 의사 존 브라운은 의료 활동의 지상명령을 자신이 창시한 두 개념, 즉 스테니아[활력]sthenia와 아스테니아[무력]asthenia라는 두 단어로 요약할 수 있다고 생각했다. "자극시키거나stimuler 약화시켜야débiliter 한다. 무위inaction는 없다. 자연의 힘을 신뢰하지 말라." 이것은 생명체에 대한 다음과 같은 개념에서 도출된 필연적 결과다. "생명은 강제된 상태다. … 우리는 우리 자신만으로는 아무것도 아니며, 외부의 힘에 완전히 복종하고 있다"(『의학의 기초』*Elementa Medicinae*, 1780). 무력한 몸, 적극적인 의학.

반대로 의학의 능력에 한계가 있다는 의식에는 살아 있는 몸에 대한 모든 관념이 동반된다. 이 관념에 따르면 생명체는 어떤 형태로든 자신의 구조를 보존하는 자발적 역량과 기능 조정 능력을 속성으로 가진다. 만약 유기체가 자기방어력을 가진다면, 유기체를 신뢰하는 것은 적어도 일시적으로는 신중한 동시에 정확한 가언명령impératif hypothétique이다. 역동적 몸에 대해서는 관망expectant 의학이 적절하다. 이 경우 인내심이 의학의 핵심이 될 것이다. 그렇지만 환자가 인내심에 동의해야 한다. 테오필 드 보르되Théophile de Bordeu[1722~1776]는 이 사실을 지극히 잘 알고 다음과 같이 썼다.

"이 관망의 방법에는 뭔가 냉정하고 엄격한 면이 있으며, 환자와 성마른 조력자가 그것을 감수할 필요는 없다. 또한 관망하는 의사들은 항상 의사들 가운데 소수를 차지한다. 특히 본성이 예민하고, 참을성 없고, 겁 많은 사람들 가운데 있는 의사들의 경우는 더욱 소수다"(『의학사 탐구』*Recherches sur l'histoire de la médecine*, 1768).

치료받은 모든 환자가 낫는 것은 아니다. 어떤 환자는 의사 없이도 낫는다. 이러한 언급을 자신의 『의술에 관하여』에 기록한 히포크라테스는 또한 의학적 사유에 자연 개념을 도입한 책임, 혹은 전설적 영예를 가진다. "자연은 질병에 대해 의사다"(『유행병』, 6권). 여기서 의사는 유기체에 내재하고 있는 활동으로 이해해야 한다. 그것은 부족함을 보충하는 활동, 깨진 균형을 회복하는 활동, 감지된 이탈을 교정하는 활동이다. 이러한 활동은 주입된 지식이 아니다. "자연은 지성에 따라서가 아니라 스스로 길과 방법을 찾아낸다. 눈 깜빡임이나 혀가 수행하는 역할과 이런 종류의 다른 작용들이 그러하다. 자연은 가르침이나 지식 없이도 자신에게 적합한 것을 행한다."

의사의 의술과 치료하는 자연 사이 유비는 의술에 따라 자연을 밝히는 것이 아니라, 자연에 따라 의술을 밝히는 것이다. 의술은 자연을 관찰하고 거기에 귀를 기울여야 한다. 여기서 관찰하고 귀를 기울인다는 것은 복종한다는 의미다. 히포크라테스적이라고 말할 수 있는 개념을 히포크라테스에게 귀속시킨 갈레노스는 그것을 또한 다시 자신의 것으로 취하며 그 또한 자연은 유기체를 최초로 만들었으므로 건강의 최초 보존자라고 가르쳤다. 그럼에도 불구하고 기억해야 할 것은 히포크라테스의 어떠한 텍스트도 자연을 틀림이 없다거나 전능하다고 표현하는 데까지 나아가지는 않는다는 사실이다. 의술은 자연의 능력에 대한 측정으로서, 다시 말해 그 힘에 대한 평가로서 태어났고, 전승되었고, 완성되어야 한다. 이러한 측정의 결과에 따라 의사는 자연의 활동을 지지하고 돕기 위해 개입하거나, 아니면 개입을 포기해야 한다. 왜냐하면 자연보다 더욱 강력한 질병이 있기 때문이다. 자연이 물러나는 곳에서 의학은 포기해야 한다. "의술에 속하지 않는 것을 의술에 요구하고, 자연에 속하지 않는 것을 자연에 요구하는 것, 이것은 무지한 것이다. 이러한 무지는 가르침의 결핍보다 광기에 더 가깝다"(『의술에 관하여』).

* * *

유감스럽건 그렇지 않건, 오늘날 의술을 시술하는 데 의학의 역사에 대한 지식이 조금도 필요 없는 것이 사실이다. 히포크라테스주의와 같은 의학의 학설이 마지막 의례로서 이제는 그 의미마저 상실된 유명한 '선서'를 통해 히포크라테스라는 이름만 알고 있는 사람에게 어떤 인상을 줄 것인가를 상상하는 일은 어렵지 않다. 그리고 더 나쁜 것은 현재 의학적 가르침의 이론적 원리와 기술적 원칙을 과거로 소급하여 투사하면서 어떤 이들은 마치 역사 흐름의 하류가 상류에 드러나 보인 것처럼 히포크라테스를 판단하려고 시도한다는 사실이다. 결코 역사를 모르지 않았던 에두아르 리스트 같은 대가도 『고대의 의학에 대한 비판적 역사』*Histoire critique de la médecine dans l'Antiquité*에서 악감정이 없었음에도 불구하고 히포크라테스 의학을 고발의 형태로밖에는 다룰 수 없었음에 유의하자. 물론 이런 종류의 배은망덕에 근거가 없는 것은 아니다. 프랑수아 다고네가 『이성과 치료제』*La Raison et les Remèdes*[1]에서 보여 준 바와 같이 현대의학은 유기체의 자기방어 반응을 체계적으로 감시하거나 자극하는 것과는 거리가 멀고, 대신 그 반응을 억압까지는 아니더라도 완화시키려고 애쓴다. 자기방어 반응을 유발하는 공격에 대한 과도한 체액 반응을 정지시키려 하는 것이 그러한 예다. 때로는 자발적 반응으로 유발된 흥분[기능항진]을 유익한 도구로 전환시키기 위해 치료가 병 자체와 협력하여 약화시켜야 할 병을 강화시키고, 감소시켜야 할 것을 배가시키는 경우조차 있다. 일부 면역학적 시술이 그러한 예로 거기서는 살균작용을 용이하게 만들기 위해 단백질용해물질을 분비시켜 감염 과정을 강화시킨다. 따라서 현대의학은 히포크라테스의 처방을 전도시키는 것으로, 그리고 오직 자연치유력을 꺼리고 그것의 주도권을 가로막기 위해서만 자연치유력의 존재를 인정하는 것처럼 보이지 않는가? 그것은 현대의 병리학이 엄격한 정통 히포크라테스주의를 역설적인 유기체 반응의 존재에서 인식하는 것을 배웠기 때문이다. 응수나 공격을 받아넘길 때 생기는 오류가 있다. 아무것도 아닌 것에 자연이 발작

1 Paris, PUF, 1964, coll. 'Galien'.

을 일으키는 일이 일어난다. 알레르기나 과민반응이 그러한 것이다. 때로는 자연의 치료법이 질병보다 나쁘다고 말하는 것으로는 부족하다. 자연의 치료법이 질병 그 자체다. 그러나 이처럼 부적절한 자기방어에 대한 방어의 의학적 기제를 면밀히 검토해 보면, 자연 개념에 대해 새로운 의미를 부여하는 것이 가능하지 않을까?

오늘날의 의학은 유기체의 자연적 반응에 대해 일단 의심하는 태도를 취한다. 의심은 반응이라는 사실에 대한 것이 아니라, 반응이 처음에 적절했는지, 그리고 최종적으로 충분했는지에 대한 것이다. 따라서 이 의심은 개입하려는 결정을 유보하는 것이 아니라 반대로 촉진시킨다. 그것은 이 의심이 자율신경계가 병인의 본질과는 무관하게 소위 병리적 상황에서 수행하는 역할에 대한 지식에 근거하기 때문이다. 그런데 자율신경계에 대한 작용은 자극이나 제동 중추의 위계화된 억제를 통해 이루어진다. 그리고 그 작용 기전이 아무리 간접적이고 전환의 양상이 복잡하다 하더라도 최종적 분석에서는 전도된 형태이지만 유기체의 자연적 과정의 모방으로 남는다. 비록 전도된 형태라 하더라도 기예는 라퐁텐이 말한 의미에서 자연을 모방한다. "나는 맹목적으로 모방하지 않는다. 나는 관념과 표현과 법칙만을 취한다." 비-히포크라테스적인 치료법이 체계적으로 발명될 수 있었던 것은 1921년 경 오토 뢰비가 1904년 이래 토마스 엘리엇과 헨리 데일이 수행해 온 관찰을 확인하면서 미주신경이 화학적 전달체인 억제물질을 분비함으로써 작용한다는 사실을 입증하는 데 성공했기 때문이다. 따라서 데일은 히스타민을 '유기체의 자가약리학'의 산물이라고 말할 수 있었다. 그러나 생명체의 처방이나 과학자의 처방이나 마찬가지다. 다시 말해 각 경우나 지속기간, 용량에 따라 치료제는 또한 독이 될 수도 있다. 요컨대 비-히포크라테스적 의학이 반-히포크라테스적 의학은 아니다. 그것은 비-유클레이데스 기하학이 반-유클레이데스 기하학이 아닌 것과 마찬가지다. 자연의 치유 능력은 그것을 통합하면서 그것을 통제하는 치료에 의해 부정되지 않는다. 그것은 자신의 고유한 자리에, 보다 정확히 말하면 치료의 한계 안에 포함된다. 히포크라테스주의는 자연의 힘에 한계가 있음을 인정한다. 그것은 아스클레피아데스가 죽음에 대한 명상이라고 부른 관망적(두고 보기) 의학에도 해당되는 말이다. 비-히포크라테스적 의학은 그 힘의 방향을 돌림으로써 그 한계를 뒤로 물릴 수 있다. 오늘날 무지는 자연에 속하지 않는 것을 자연에 요청하지 않는 것이 될 것이다. 의술은 자연의 변증법이다.

* * *

병리학의 혁명에 대한 역사적 개관에서 뢰비의 이름이 라일리James Reilly나 셀리에Hans Selye[1907~1982]의 이름보다 선호되는 것에는 의도가 없지 않다. 뢰비의 작업은 하버드에서 캐넌Walter B. Cannon[1871~1945]과 그의 학파에 의해 반복되고 확장되었다. 캐넌은 순환, 호흡, 열발생 같은 근본적인 생물학적 기능의 항상성을 조절하는 자율신경계의 역할을 입증하여 자율신경계의 생리학적 연구에 대한 관심을 확장시켰다. 클로드 베르나르 이후 총체적 조절 기능을 "자연치유력의 현대적 해석"으로 제시한 사람은 캐넌이었다. 이러한 해석은 의사와 자연이 협력한다는 낙관주의를 낳지만, 그것은 "자연 자신이 의사가 처방하는 치료제"와 협력하는 관계라는 의미에서다.[2]

생리학을 통해 유기체의 안정성을 지켜 주는 기전의 존재를 신뢰할 수 있게 되자 의사들은 더 이상 자연을 생명의 섭리로 요청하지 않게 되었다. 자연이 생명의 섭리라는 해석은 실증적 정신을 가진 많은 이에 의해 형이상학적이라고 논박당했다. 그럼에도 불구하고 그들만큼이나 엄밀한 정신의 소유자들이 질병 상태에 있는 유기체의 일정한 반응과 기능 수행에 대한 주의 깊고 충실한 관찰을 방패로 이러한 해석을 옹호할 수 있었음을 우리는 알고 있다. 만약 인간 유기체가 환경과의 관계에서 위험을 막아 줄 장치를 보유하고 있다면, 이 장치가 작동하는 것이 뭐가 그리 놀라우며, 환자건 의사건 사람이 그 명백한 효과에 경탄하는 것이 뭐가 그리 어리석은가?

불명료한 이론 대신 자연치유력에 대한 실제적 신뢰에서 영감을 받은 주제와 주장을 검토하기 위해서는 상당한 양의 의학-철학적 문헌 연구가 필요할 것이다. 이에 관한 가장 좋은 문헌은 막스 노이부르거Max Neuburger의 『시간의 경과를 통한 자연치유력에 관한 학설』*Die Lehre von der Heilkraft der Natur im Wandel der Zeiten*(1926)이다. 에블린

2 Walter B. Cannon, *La Sagesse du corps*(*The Wisdom of the Body*, New York, W. W. Norton & Company, 1932), Paris, Nouvelle revue critique, 1946, pp. 194~195.

아지자슈스터Evelyne Aziza-Shuster는 최근 『자신에 대한 의사』[3]라는 제목의 박사학위 논문에서 '티베리우스의 처방'이라고 부를 수 있는 것과 관련된 이 책의 일부를 연구했다. 타키투스, 수에토니우스, 대 플리니우스, 플루타르코스는 티베리우스 황제의 모범과 훈계를 후세에게 전했다. 그것은 서른 살이 지나면 모든 사람은 자신의 의사가 되어야 한다는 것이다. 서른 살이 지났다는 것은 음식 섭취와 위생, 생활방식에 대한 충분한 경험을 쌓은 후라는 의미다. 따라서 서른 이후에는 본능적, 즉 생리적인 선택의 결과들 가운데서 한편으로는 최선의 만족을 가져오는 것과, 다른 한편으로는 잘못된 근거에 기초하거나 오류로 인도하는 의술의 규칙에 복종한 결과를 구별할 수 있는 개인적인 판단력을 갖게 된다. 몽테뉴가 건강할 때나 병들었을 때나 오직 자신의 식욕에 따르는 것을 정당화하기 위해, 그리고 "모든 의학적 결론"보다 육체적 쾌감을 우선할 때 티베리우스 황제를 인용하는 것을 보고 누가 놀라겠는가? 데카르트는 기계학처럼 확고하게 입증된, 살아 있는 육체에 대한 과학 위에 틀림없는 의학을 정초했다고 우쭐거린 후, 다음 두 가지를 건강의 규칙으로 뷔르망에게 제시했다. 하나는 유익한 것과 해로운 것을 본능적으로 구별하는 동물의 고유한 능력이고, 다른 하나는 자연이 가진 것으로 인정되는 자기회복 능력에 대한 신뢰로 자연은 "겉만을 보는 의사보다 몸의 상태를 더 잘 알고

3 다음의 총서로 출간. *Le Médecin de soi-même*, Paris, PUF, 1972, coll. 'Galien'.

있기" 때문이다. 자기가 자신의 의사라는 테제를 얼마나 잘 지지하는가! 우리가 아는 한 이러한 제목[Médecin de soi-même]을 내세운 최초의 저작은 외과의사 장 드보Jean Devaux(1649~1729)의 『자신에 대한 의사 혹은 본능에 따라 건강을 보존하는 기술』*Le Médecin de soi-même ou l'Art de conserver la santé par l'instinct*(Leyde, 1682)이다. 외과의사가 내과의사를 비방하는 내용의 이 책은 또한 명백히 드보가 알지 못했던 데카르트적 자연주의naturisme에 대한 반데카르트적 정당화이기도 하다. 그는 인간은 다른 모든 동물과 마찬가지로 본능을 갖고 있으며, 동물의 본능은 기계적 작용이 아니라 이미지에 의한 지식이라는 사실을 입증하고자 했다. 영국인 존 아처John Archer(~1684)의 저작 『사람은 누구나 자신의 의사』*Every Man, His Own Doctor*(1673)가 드보의 저작을 앞섰다고 하더라도, 그것은 어떤 사실을 입증하는 종류의 책이 아니라 유명한 돌팔이의 선전용 책자였다. 사실 자연주의의 영감을 받은 의학 문헌은 두 종류의 의도, 혹은 동기에 의해 양분되었고, 되고 있고, 의심의 여지 없이 앞으로도 오랫동안 양분되어 있을 것이다. 다시 말해 치료의 위기가 왔을 때 이를 보완하는 진지한 반응과 가짜 약이나 인쇄물이라도 팔기 위해 환자의 곤경을 교활하게 이용하는 것으로 양분되어 있다.

18세기 『의사 없는 의학에 관하여』*De medicina sine medico*(1707), 혹은 『자연의 자기지배에 관하여』*De autocratia naturae*(1696)라는 제목의 책에서 게오르크 에른스트 슈탈은 그 화학적인 구성으로 인해 빠르게 부패하도록 되어 있는 유기체에서 질병으로 향하는 경향성과 질병에서 멀어지려는 경향성 사이 적절한 대비에 만족스러워했다. 그는 동물의 생리를 신속하게 회복시키는 자연의 작용이 생명의 활기 있는 운동이 가진 자발성 덕분이라고 생각했다. 그러나 슈탈의 경쟁자였던 할레대학의 호프만Friedrich Hoffmann은 「자기 자신에 대한 의사에 관하여」De Medico sui ipsius에서 생명체에 대한 자신의 기계론적 이론을 히포크라테스적 원리에 충실한 시술에 대한 합리적 지지로 제시하고자 노력했다. 또한 린네는 『자기 자신에 대한 의사』*Medicus sui ipsius*(1768)라는 제목의 책에서 갈레노스 이후 다른 누구보다도 명시적으로 여섯 가지 비자연적인 것들의 사용에 의해 통제되는 생명의 운용 원리를 건강의 도구이자 위생의 기초로 제시했다. 따라서 우리는 치료 회의주의와 치료 허무주의가 쇠퇴함으로 인해 점차 논쟁서나 돌팔이 의료책자, 혹은 퇴행적인 통속 출판물에서만 살아남게 될 테제를 18세기의 위대한 의사와 자연사가들이 자신들의 권위에 의지하여 주저 없이 주장하게 되는 것을 본다.

19세기에는 자선적 의도를 가진 가정의학, 통속의학적 내용의 책들이 동일한 제목을 가진다. 건강 매뉴얼, 건강의 친구, 건강 관리자, 건강 조정자, 의사 없는 의학, 의학 없는 의사 등. 앞서 인용한 아지자슈스터의 학위논문은 그런 종류의 책들을 빠짐없이 열거하지는 않았으나 그에 대한 체계적인 표를 작성했다.

자연치유력이라는 주제를 통속문헌 속으로 도피하게 한 것은 해부병리학과 새로운 임상적 탐구의 기술(타진, 청진)로, 이는 자연의 자발적 침묵이라는 현상이 생겨난 19세기 프랑스와 오스트리아의 의사들이 발견한 것이었다. 1800년대 초, 빈과 파리의 새로운 임상의학은 사람들이 제대로 물을 때에만 자연은 말을 한다는 사실을 확인해 준다.

의학이 진단의 근거를 더 이상 자발적 증상에 대한 관찰에 두지 않고 유발된 징후에 대한 검사에 둔 순간부터, 환자와 의사 각자가 자연에 대해 가지던 관계가 전도되었다. 환자는 스스로 징후와 증상을 구별할 수 없으므로 오직 증상을 따르는 모든 행동이 자연적이라고 믿게 된다. 반면에 이제 의사는 스스로를 표현하도록 압력을 가하는 자신의 기술을 쓰지 않고는 자연이 말하는 모든 것과 그것을 말하는 방식을 받아들여서는 안 된다는 것을 알게 되었으므로, 자연이 말하는 것뿐만이 아니라 자연이 행하는 것에 대해서도 도전한다. 샤르코는 1857년 자신의 학위논문 『의학에서의 관망에 관하여』*De l'expectation en médecine*에서 자연주의와 체액설에 신뢰를 부여하기 위해 세심한 서술을 했다. 그에 대비해 행위의 근거를 과학에 두는 실증주의의 가르침에 충실한 에밀 리트레는 티베리우스의 말을 논박하기 위해서만 그의 말을 반복하며, 환자에게 자신의 감각을 믿지 말고 자신이 모르는 것을 자신을 위해 알 수 있는 능력을 가진 사람, 즉 의사를 신뢰할 의무를 상기시킨다. 더 이상 의학을 위생으로 대체하는 것이 문제가 아니다. 의사가 없으면 위생도 없다.[4]

---

4 Émile Littré, "De l'Hygiène", *Médecine et médecins*, Paris, Didier, 1872.

* * *

생리학은 고대 자연주의 의학의 일부 직관이 정당함을 입증했다. 그것은 유기체의 자기조절과 안정화 기전이 점차 발견됨으로써 가능했다. 오늘날 그 기전에 대한 설명은 능동적 반응 모델, 다시 말해 되먹임feed-back 모델에서 찾는다.

동시에 감염질환에 대한 치료는 파스퇴르, 코흐 그리고 그들 제자들의 시대에 유기체가 타고난 항독소 방어력을 갖고 있다는 사실을 인정하게 만들었다. 이러한 방어력은 그때까지 관련 논의가 없지는 않았으나 증거가 없었다. 포함한다는 것은 능가한다는 것이다. 면역학적 기법을 통한 능동면역법은 치료적 반응을 유발한다. 그 반응은 술책에 의해서가 아니라 최소한의 악, 다시 말해 좋은 의도를 가진 악을 통해 더 위중하고 임박한 악을 이기는 결과가 된다. 덕분에 유기체는 평소보다 훨씬 신속하게 반응할 수 있다. 게다가 더 좋은 것은 동물 유기체를 [다른 동물에게] 양도 가능한 자연치료제의 영구한 생산자로 만들 수 있다는 사실이다. 루Émile Roux, 베링Emil Adolf von Behring, 에를리히Paul Erlich는 치료 능력을 가진 '야생의' 자연을 길들인 세 명의 위대한 장인이다. 에를리히의 독창성에 힘입은 현대의 화학요법은 세포의 반응양식에 대한 체계적 연구에서 태어났다. 다만 그것이 일부에만 해당된다는 사실이 다소 당황스럽다. 왜냐하면 예방접종과 혈청요법에서 획득되는 자발적 항체생성이 원생동물에서는 관찰되지 않기 때문이다.

현대의학이 히포크라테스를 찬양하는 가장 좋은 방법은 더 이상 그를 내세우지 않는 것이며, 그의 유기체 개념이 가진 근사적 정확함을 기리는 가장 좋은 방법은 그의 관찰법observation과 관망법expectation을 거부하는 것이다. 자연의 자원을 알기 위해서는 경보를 통해 그 자원을 동원해야 한다는 사실을 확인했음에도 불구하고 자연이 스스로를 나타내기를 기다리는 것은 현명하지 않다. 작용한다는 것은 활성화한다는 것이다. 고치기 위해서만이 아니라 드러내기 위해서도 그렇게 해야 한다.

우리는 산업적 약물학의 시대에, 생물학 실험실의 제국주의 시대에, 진단 정보가 전자화되어 취급되는 시대에 살고 있다. 그럼에도 불구하고 우리는 처음부터 작동하는 자기통제 시스템이 유전정보 안에 기입되어 생명체에게 주어져 있다는 사실을 지칭하기 위해 여전히 자연에 대해 말할 수 있다. 그리고 엄밀히 말해 자연의 능력에 대한 환자의 신뢰가 신화적 사유 형태를 띨 수 있다는 사실을 받아들여야 한다. 그것은 기원의 신화, 즉 생명이 문화에 선행한다는 신화다. 우리는 그 신화에 대한 정신분석을 할 수 있으며, 자연의 모습에서 어머니의 모습을 다시 찾아낼 수 있다. 반면 새로운 질서가 도래할 때까지, 생물학적 질서가 테크놀로지의 질서보다 앞서는가는 별로 중요하지 않다. 이단적 정신분석가였던 게오르크 그로덱Georg Groddeck은 비스마르크의 개인주치의였던 슈베닝거Ernst Schweninger의 자연주의적 가르침을 발전시켜 후에 사람들이 정신신체의학이라고 부르게 될 최초의 개념들을 만들어 냈다. 그로덱은 자신이 1913년에 펴낸 책에 『나사메쿠』*Nasamecu*라는 제목을 붙였다. NAtura SAnat, MEdicus CUrat(자연은 치유하고, 의사는 고친다).

# 질병

『회화론』의 서두에서 디드로는 다음과 같이 썼다. "자연은 틀린 것은 아무것도 만들지 않는다. 아름답건 추하건 모든 형태는 그 원인이 있다. 존재하는 모든 것은 그렇게 있어야 하는 상태로 존재한다." 우리는 다음과 같이 시작되는 '의학론'을 상상해 볼 수 있다. "자연은 부당한 것은 아무것도 만들지 않는다. 건강과 질병에는 그 원인이 있으며, 살아 있는 모든 존재는 그렇게 있어야 하는 상태로 있다." 이런 종류의 프롤로그가 모든 시대와 모든 집단에 해당되지는 않을 것이다. 여러 세기 동안, 그리고 많은 지역에서 질병은 오직 주술사만이 이길 수 있는 '사악한' 존재에 의한 사로잡힘 혹은 일탈자나 부정한 이에게 가해지는 초자연적 힘의 징벌로 간주되었다. 극동에까지 가서 사례를 구하지 않더라도, 우리는 구약성서(「레위기」 13, 14장)에서 나병은 부정한 것으로 간주되어 거부되며, 나환자들은 공동체에서 추방되는 것을 볼 수 있다. 그리스에서는 치유와 치료의 초기 형태가 종교적인 종류의 것들이었다. 아폴론의 아들인 아스클레피오스는 치유의 신이었으며 그 사제는 치유의 실행자였다. 환자들은 아스클레피오스 신전에서 뱀과 수탉이 관련 상징으로 남아 있는 의례에 따라 맞아들여지고 진찰받고 치료받았다.

우리는 히포크라테스 시대가 되어야 비로소 정당하게 그리스 의학에 대해 말할 수 있다. 다시 말해 그것은 질병이 육체의 이상으로 간주된 순간으로, 우리는 그때부터 관련 증상과 추정되는 원인, 예상되는 경과, 그리고 이들이 지시하는 이상을 교정하기 위해 지켜야 할 행동에 관해 소통 가능한 담론을 가질 수 있게 되었다. 히포크라테스의 『경구』는 일종의 매일 읽는 기도서와 같은 역할을 한다. 히포크라테스 의학이 과학이라는 이름에 부합하는 최초의 탐구와 철학적 사유의 도약이 이루어진 시대와 같은 시대에 형성된 사실은 항상 주목을 받아 왔다. 플라톤의 대화편 『파이드로스』에는 히포크라테스에 대한 찬사가 실려 있는데, 거기에서 히포크라테스의 방법은 '올바른 이성'에 부합한 것으로 선언된다.

그렇지만 그러한 의학적 시술이 비록 비종교적이고 합리적이라 하더라도 현대적 의미의 용어에서 '과학적'이라고 받아들여질 수는 없을 것이다. 인정할 수밖에 없는 효과를 보여 주는 오늘날의 의학은 질병과 환자의 점차적인 분리 위에 기초하고 있다. 그것은 질병을 환자가 자발적으로 보여 주는 증상들의 다발로 간주하기보다는 질병에 의해 환자를 규정하고자 한다. 질병은 악이 아니라 의학을 떠올리게 만든다. 어떤 의사가 바세도우씨병, 즉 안구가 돌출되는 갑상선종에 대해 말할 때, 그는 내분비 기능의 장애 상태를 지칭하고 있다. 그것은 증상의 표현과 원인, 진단, 그리고 예후와 치료의 결정이 일련의 임상적 탐구와 실험적 탐구, 그리고 실험실 검사에 의해 유지되는 과정으로, 거기에서 환자는 주체가 아니라 객체로 취급된다.

생명체는 페스트, 암, 대상포진, 백혈병, 천식, 당뇨병을 악으로만 느끼는 것이 아니라 일종의 기질적 장애로도 느낀다. 질병은 생명체 자체에게, 인간만이 아니라 동물과 식물에게도 위험이다. 어떤 행위를 하겠다는 결심에서 생겨나는 위험과는 달리 태어난다는 사실에서 생겨나는 위험은 인간에게 불가피한 경우가 아주 흔하다. 고통, 선택적이거나 필수적인 일상 활동의 제약, 기질적인 쇠약, 정신 기능 쇠퇴는 해로운 상태를 이루며 의사들은 그 해로움을 종식시키거나 혹은 완화만이라도 시키려고 노력한다. 그렇다 하더라도 의사들은 이들 상태 자체를 질병과 동일시하지는 않는다. 그러나 환자-질병의 관계가 완전히 불일치할 수 있는 것도 아니다. 의학이 질병에 대한 과학이 되고자 애쓰는 현대사회에서 한편으로는 지식의 통속화가, 다른 한편으로 공중보건 제도들이 대부분의 경우 환자로 하여금 자신의 질병을 실감하며 살아가게 한다. 그것은 그 질병에 대해 상투적인 말과 판에 박은 말을 하거나 듣는 것을 의미한다. 그것은 또한 아무리 의학적인 돌봄을 받는다 하더라도 환자를 괄호 안에 둠으로써 진보가 가능해진 지식의 결과에 암묵적으로 가치를 부여하는 것이기도 하다.

신체적 질병에 대한 현재의 지식은 연이은 위기와 의학적 지식의 발명, 검사술기와 그 결과의 해석에 힘입어 이루어진 진보의 잠정적 귀결이다. 그 귀결은 의사로 하여금 자리를 이동해 가며 병인의 구조를 재검토하게 하고, 나아가 치료적 개입의 목표를 바꾸도록 한다. 이와 관련하여 관찰의 장소와 의심되는 유기체 구조에 대한 분석의 장소가 원래 자신이 가졌거나 혹은 차용한 도구와 기술에 따라 이동한다. 따라서 질병은 차례로 유기체, 기관, 조직, 세포, 유전자, 효소 안에 자리를 부여받게 되었다. 그리고 사람들은 차례로 부검실, 이학적 검사실(시각 검사, 전기 검사, 방사선 검사, 컴퓨터 단층촬영 검사, 초음파 검사) 그리고 화학 혹은 생화학 실험실에서 질병의 자리를 확인하고자 노력한다.

의학과 생물학의 관계가 더욱 밀접해지면서 유전법칙에 대해 더 정확한 지식을 얻게 되었고, 그 덕분에 유전적 질병과 선천적 질병을 구별할 수 있게 되었다. 유전적 질병은 게놈의 구성에 좌우되는 반면, 선천적 질병은 자궁 내 생명의 상황에 좌우된다. 더 정확히 말하면 선천적 질병은 개체가 주변 환경과 맺는 관계만이 아니라 생명이 사회적 집단과 맺는 관계에 의해 유발된다. 그것은 폐렴과 같이 개체의 문제로 나타날 수도 있고, 독감이나 티푸스, 소위 감염성 질환과 같이 집단의 문제로 나타날 수도 있다. 샤를 니콜Charles Nicolle은 감염성 질환의 탄생과 삶, 그리고 죽음을 연구한 바 있다. 이 질병들은 마땅히 사회와 문명의 역사 속에서 시대와 장소별로 출현하여 전파되고 소멸하는 특징을 가진 자연현상으로 간주되어야 한다. 비록 우리가

19세기 말 이래 이런 질병들을 결정하는 원인(미생물, 세균, 바이러스)과 매개 곤충(페스트의 쥐벼룩, 황열병의 이집트숲모기 등)을 알게 되었지만, 질병사가疾病史家는 이들 질병의 지리적 분포의 이유와 감염된 집단을 특징짓는 사회적 관계 형태들에 관심을 가지지 않을 수 없다. 특히 현대에 와서 공중보건학적 수단을 통해 이 질병들에 대해 전개한 집단적 투쟁은 이 질병들의 전반적 모습과 이들이 진화하는 방식을 결정하는 요인 중 하나다. 이들 질병의 증상과 경과는 그들이 도발하는 싸움에 사용되는 수단의 결과로 진화한다. 예방접종 시술이 보편화된 결과로 백신에 대한 저항성이 더욱 강한 변종 미생물이 출현한 것은 엄연한 사실이다. 위생적으로 보호받는 고도의 기술 산업사회에서 내·외과적 치료행위가 많아지고 그 효과가 커지면서 오히려 질병에 저항하는 생물학적 시스템 내부의 오류를 증가시킬 위험성이 커졌다. 이는 생물학적 적응의 역전현상 가운데 한 측면에 불과하다.

인간의 환경은 처음에는 자연적이었으나 점차 작위적이고 인공적으로 되어 간다. 이러한 환경 안에 있는 모든 것은 누군가에게는 틀림없이 위험의 근원으로 간주될 수 있다. 개별 유기체는 각자의 조상에서 서로 다른 저항력을 부여받았지만, 인간이라는 보편개념이 개별 유기체를 종적種的 정체성이라는 거짓 외관으로 덮어 버린다. 소위 '선천성 대사장애'나 '유전성 생물학적 이상'은 어떤 개인이나 인구집단이 특정 상황에 대해, 혹은 해로운 대상에 대해 예민하고 민감하도록 한다. 유전적으로 어떤 소화효소가 결여된 지중해의 일부 지역 거주자들에게 잠두콩을 먹는 것은 스스로 독을 먹는 것과 마찬가지다. 반면에 동일한 효소의 결핍이 아프리카의 어떤 인구집단에게는 말라리아에 대한 저항성을 증가시킨다. 지금은 어떤 질병을 확인하기 위해 환자를 통해 질병에 접근하지 않는 방법을 배워야 하는 경우가 많다. 효소학자가 실재로서 인지하는 질병 상태를 임상가는 알지 못한다. 왜냐하면, 임상가는 유기체나 기관의 차원에서 나타나는 자발적이거나 유발된 징후를 관찰하므로 잠재되거나 일시적으로 억제된 질병을 관찰하지 못하기 때문이다.

질병에 대한 지식에서 환자의 체험을 참고하는 상황이 점차 제거되는 것은 19세기 초반 이후 기초과학과 응용과학에 의해 의학이 식민지화된 결과만은 아니다. 그것은 또한 같은 시대 이후 산업사회가 노동자 인구집단의 건강 상태에 기울인 관심, 혹은 어떤 이가 말하는 것처럼 생산력의 인적 구성요소에 부여한 관심의 결과이기도 한데, 이 관심에는 이해관계가 개입되어 있다. 생활 상태에 대한 감시와 개선은 정치권력이 결정한 수단과 규칙의 대상이 되었다. 이러한 정치권력을 요청하고 인도한 것은 위생학자들이었다. 따라서 의학과 정치는 질병에 대한 새로운 접근에서 만난다. 우리는 병원이라는 조직과 입원의 실천이 그 사실을 설득력 있게 예시해 주는 것을 보게 된다. 이미 18세기 프랑스에서, 특히 프랑스혁명 시기에 흔히 버림받은 환자들을 돌보고 맞아들이는 구빈원이나 수용소를 병원으로 대체하고자 하는 노력이 나타난다. 병원은 분류된 질병들을 분석하고 감시하는 공간이며, 트농의 표현에 따르면 '치료 기계'machine à guérir로 기능하기 위해 세워지고 운영된다. 통제된 사회적 구조에서 이루어지는 질병에 대한 병원 치료는 질병을 탈개인화시키는 데 공헌했다. 그와 동시에 질병 출현 조건을 점차 더욱 인위적으로 분석함으로써 처음의 임상적 표상에서 질병의 실체를 분리해 낼 수 있었다.

이러한 이론적 분리의 필연적 결과로 의사직과 질병에 대한 접근방식에 변화가 일어났다. 현재 '일반의'라고 부르는 모든 질병을 치료하는 의사는 자신의 명성과 권위가 기계설비처럼 유기체를 분해하여 고치는 기사인 전문의에 비해 쇠퇴하는 것을 보게 되었다. 이런 전문의는 역할에서는 여전히 의사이지만 전통적 의사상에는 부합하지 않는다. 왜냐하면, 그들은 컴퓨터를 통해 징후학과 병인학의 정보은행에 문의하고, 통계적 정보평가의 지원을 받아 확률적 진단을 내리는 방식으로 진료하기 때문이다. 이 주제와 관련해 주목해야 할 사실은 통계적 관점에서 이루어진 질병에 대한 연구가 19세기 초 오스트리아, 영국, 프랑스의 병원에서 이루어진 해부-임상의학적 혁명과 정확히 동시에 일어났다는 것이다. 이들은 그 출현과 사회적 맥락, 그리고 발전 과정에서 동시적이었다. 요컨대 질병에 대한 지식에서 현재 효과적인 시술을 발명하는 이론에 사회적인, 따라서 정치적 성격의 요소가 존재함을 부인할 수 없다.

사회-정치적 관점을 의학사에 도입하는 것은 앎이 행위로 변환되는 원인을 탐구하는 데 국한되어야 하는가? 질병 자체의 출현과 경과에서 사회적 차원의 인과성을 인정해서는 안 되는가? 최근 우리는 노동운동가들이 자본주의의 질병을 고발하는 것을 보았다. 그것은 질병을 자본주의 사회의 계급관계를 나타내는 유기체의 지표로 본다는 의미다. 사람들이 빈곤의 질병에 대해 말하던 시대가 있었다. 즉 특정한 인구층에서 태어날 때 영양부족으로 비타민 결핍증이 초래되는 경우다. 사실 이런 종류의 문제에 가장 먼저 관심을 가지는 의학 분야는 위생학이다. 『위생학의 기초』*Éléments d'hygiène*(1797) 「서문」에서 투르텔Étienne Tourtelle은 인구가 밀집된 현대의 도시에서 인구밀도가 질병의 빈도와 관련 있다고 주장했다. 프랑스와 마찬가지로 영국에서도 19세기 초에 여러 산업 분야에 종사하는 노동자들의 건강 상태에 대한 조사가 이루어졌다. 비예르메는 1840년 유명한 『면직, 모직, 견직 제조공장에 고용된 노동자들의 육체적·정신적 상태에 관한 표』*Tableau de l'état physique et moral des ouvriers employés dans les fabriques de coton, de laine et de soie*를 출판했다. 산업위생에 대한 논문들은 19세기 프랑스에서 다수 출판되었다. 그러나 예를 들어 근육의 탈진이나 신체 기능 리듬의 난조와 같은 병리적 상황의 증가가 생활양식이나 노동 조건과 상당히 밀접한 관계가 있다는 사실을 인정하더라도, 질병의 사회적 기원과 질병 자체를 혼동하는 것은 지나치다. 위궤양이나 폐결핵은 임상적 모습만으로는 그것이 개인적 스트레스 상황의 결과인지 아니면 집단적 스트레스 상황의 결과인지를 알 수 없는 질병이다. 비록 시계공의 작업이나 학동들의 숙제가 양을 치는 것보다는 시력의 결함을 더 잘 드러나게 한다 하더라도 안과 환자가 사회적 사실이라고까지는 말하지 않을 것이다. 그러나 질병의 요인에 대한 조사와 평가가 환자의 사회적 지위와 그 지위의 표상을 고려해야 하는 경우가 있다. 한스 셀리에의 작업으로 유명해진 용어를 사용한다면 비특정적 공격인 **스트레스**의 병인적 형태 가운데 개인적 지각을 포함시킬 수 있는데, 그것은 자신이 직업적 혹은 문화적 계급의 위계에서 어느 단계에 편입되어 있는가에 대한 지각이다. 질병을 단순히 통증이나 행동의 축소만이 아니라 상실이나 평가절하로 경험한다는 사실은 질병 자체를 구성하는 요소의 하나로 간주되어야 한다. 우리는 여기서 신체의학과 정신신체의학 사이 흐릿한 경계에 있게 되며, 그 경계에는 정신분석이 위치한다. 왜냐하면 거기에는 무의식이 관계될 뿐만 아니라 환자가 대답할 수 있도록 말하게 하는 기술 자체가 관련되기 때문이다.

오늘날 아주 유행하고 있는 의학적 심리사회학의 관점에서 본다면 질병은 희생자 혹은 유죄판결 받은 자가 피난처를 찾는 것처럼 환자가 은밀하게 열망하는 자기만족으로 간주할 수 있다. 질병에 대한 이러한 신화적 설명의 재현을 생물학에 대한 인류학의 복수로 간주하는 데까지 가지 않더라도, 우리는 거기서 파스퇴르주의에 복종하거나, 혹은 보다 최근에 분자 생화학의 성공으로 고양된 극단적 의학 이론에 대한 저항의 먼 효과를 볼 수 있다. 그러나 우리가 인정해야 할 사실은 현재 질병을 진단하고 치료하는 방법은 무엇보다도 면역학의 성공에 힘입은 바가 크지 심리사회학적 영감을 받은 마술사 덕분은 아니라는 사실이다. 면역학은 의학적 경험을 바탕으로 하는 생화학 분야다. 가장 주목할 만한 면역학의 특징은 유기체 세포의 분자구조 단계에서 환자의 특이성을 정초했다는 사실이다. 의학적 개인주의나 의학적 독립부대의 선전활동은 질병의 익명적 본질과 대비되는 환자의 특이성을 찬양한다. 질병에 대한 이러한 개념은 18세기 토마스 시드넘이 만들어 낸 **질병종**espèces morbides에 대한 옛 이론의 흔적을 지니고 있다. 면역체계라 명명한 것을 인정함으로써 질병 개념에 혁명이 일어났다. 면역체계는 특정한 항체를 생산함으로써 항원의 공격에 대응하는 총체적 구조를 말한다. 면역학 연구에서 임상과 실험실의 협동은 아직 미약하지만, 이 협동으로 인해 질병의 표상에서 생물학적 개체성을 고려하게 되었다. 19세기에는 질병에 대한 의학적 개념과 과학적 개념 사이에 때로 격렬한 대립이 있었다. 그러나 오늘날 이 대립은 암이나 에이즈와 같이 절망에 찬 질병에 대한 효과적인 대응을 어느 날엔가 분자생물학이 발견하리라는 공통의 희망으로 대체되었다. 사실 질병의 존재와 진행 상태는 의학의 인식론적 지위에서 일어나는 변화와 분리되지 않는다. 그 가장 좋은 예는 파스퇴르식 세균학에서 이끌어 낸 예방접종의 결과로 최근 천연두가 박멸된 것이다. 기상현상을 다루듯이 질병을 다룰 수는 없다. 그럼에도 불구하고 기상현상의 경우에서조차도 지구상에 있는 **호모 파베르**의 활동이 기후에 영향을 미친다.

질병 연구의 관심이 무엇이건, 그것이 질병의 변이에 관한 것이건 질병의 경과에 관한 것이건 아니면 결과에 관한 것이건, 그러한 관심으로 인해 인간의 경험에서 질병의 역할과 의미를 이해하고자 하는 시도를 소홀히 해서는 안 된다. 질병은 기관이 성숙한 형태와 구조로 자라는 데 생긴 위기이자, 내적인 자기보존 기능과 외부의 도발에 대한 적응 기능의 성숙에 생긴 위기다. 질병은 또한 선택되거나 강제된 활동 모델에 맞추어 살기 위해서, 그리고 아주 좋은 경우에는 생존의 가치나 이유를 지키기 위해서 취하는 노력에 생기는 위기다. 질병은 살겠다고 요구하지 않았지만 살도록 강제된 인간이 결국 지불해야 할 대가다. 인간은 자신의 존재 첫날부터 예측 불가능하고 불가피한 종말을 향해 필연적으로 나아간다는 사실을 알아야 한다. 이 종말은 질병에 의해 재촉될 수 있다. 이 질병은 맹렬한 것일 수도 있고 혹은 단지 다른 질병에 대한 저항 능력만을 저하시키는 것일 수도 있다. 반대로 어떤 질병은 회복 이후에 다른 질병에 저항하는 능력을 유기체에게 부여하기도 한다. 늙어 가며 수명을 유지하는 것, 질병에서 완전히 면제되는 것은 아니더라도 적어도 단련되는 것은 또한 질병에 걸렸던 축복이기도 하다.

보편적인 생물학적 사실로서 질병의 존재, 특히 인간실존의 증거로서 질병의 존재는 아직 설득력 있는 답변이 없는 질문을, 다시 말해 유기체 구조의 허약함에 대한 질문을 불러일으킨다. 엄밀히 말해 살아 있는 것들 가운데 완전한 것은 없다. 그것을 진화라 부르건 말건, 거기에 어떤 설명을 부여하건, 오늘날 생명 전 단계의prébiotique 화학진화라 부르는 것에서부터 시작된 유기체의 역사적 연쇄는 단순히 **생존하는** 것 이상의 생명체가 되기에 부족한 존재들의 연쇄, 다시 말해 생존할 가능성은 있으나 전적으로 생존에 성공한다는 보장은 없는 존재들의 연쇄다. 죽음은 생명 안에 들어 있으며, 질병이 그 표식이다. 고통스러운 질병 경험에 대한 성찰은 설교보다는 시에서 더욱 비통하게 표현되는 경우가 많다. 타인의 고통에 대해 특별히 민감한 의사, 그 자신이 암에 걸려 고통의 심연에 도달해 본 의사가 있다. 루 안드레아스 살로메에게 보낸 편지에서 프로이트는 다음과 같이 썼다[프로이트는 말년에 구강암으로 고통받다가 죽었다]. "저는 모든 몹쓸 현실을 잘 견뎌 냈습니다. 그러나 저는 가능성을 잘 받아들이지는 못합니다. 선고받은 삶을 받아들이기 어렵습니다." 다른 곳에서 그는 다음과 같이 썼다. "무감각의 딱딱한 껍질이 서서히 저를 둘러쌉니다. 그에 대해 저는 불평 없이 진술합니다. 그것은 또한 자연적인 결과이기도 합니다. 무기물inorganique이 되어 가기 시작하는 방식이지요." 사형선고를 받은 삶이라는 관념에 의해 유발된 반항과 무기물로 돌아가는 체념의 수용 사이에서 질병은 자신의 일을 수행했다. 어원에 따르면 일travail은 고통tourment이고 고문torture이다. 고문은 드러냄을 얻기 위해 가해진 고통이다. 질병은 생명체가, 혹은 인간이 죽음을 면할 수 없는 존재임을 시인하게 강제하는 생명의 도구다.

## 참고문헌

E. H. Ackerknecht, *History and Geography of the Most Important Diseases*, New York, Hafner, 1965.

F. Dagognet, "Pour une histoire de la médecine"(chap. 3), *Philosophie de l'image*, Paris, Vrin, 1984; "Autopsie et tableau"(chap. 4), *Le Nombre et le Lieu*, Paris, Vrin, 1984.

M. Foucault, *Naissance de la clinique*, Paris, PUF, 1963.

M. D. Grmek, *Les Maladies à l'aube de la civilisation occidentale*, Paris, Payot, 1983.

Ch. Nicolle, *Naissance, vie et mort des maladies infectieuses*, Paris, F. Alcan, 1930.

H. Selye, *Le Stress de la vie. Le problème de l'adaptation*, 2nd ed., Paris, Gallimard, 1975.

# 건강: 통속적 개념과 철학적 질문

"우리 중 누가 히포크라테스가 등장하기 이전에 건강한 것이 무엇이고 해로운 것이 무엇인지에 대해 말하지 않았는가?" 에픽테토스는 『대담』(II, 17)에서 이렇게 건강한 것과 건강에 대한 **선험적** 개념이 존재한다고 전제하고 그에 대한 대중의 요청이 타당하다고 주장했다. 그러나 다른 한편 그는 건강 개념을 어떤 대상이나 행동에 적용하는 것에는 주저한다. 만약 우리가 어떤 명백한 지식을 참고하지 않고도 건강에 대한 정의가 가능하다고 인정한다면 그 근거를 어디에서 찾을 수 있을 것인가?

반세기 이전 1925~1940년에 걸쳐 스트라스부르 의과대학 교수를 지낸 유명한 외과의사가 제안한 정의를 상기하지 않고 이곳 스트라스부르에서 건강에 대한 성찰을 검토하는 것은 적절치 않을 것이다. "건강은 장기들의 침묵 속에서 누리는 삶이다." 폴 발레리는 아마 콜레주 드 프랑스의 동료들과 대화를 나눈 이후에 르네 르리슈의 반향이 느껴지는 다음과 같은 글을 썼을 것이다. "건강이란 필수적인 기능들이 부지불식간에, 혹은 자발적으로 수행되는 상태를 말한다"(『나쁜 사유와 그 외』, 1942). 이미 그 이전에 샤를 다랑베르는 자신의 글 모음집인 『의학, 역사와 학설』(1865)에서 "사람들은 건강한 상태에서는 생명의 움직임을 느끼지 못한다. 모든 기능은 침묵 속에서 이루어진다"라고 썼다. 르리슈와 발레리 이후에는 앙리 미쇼가 부정적인 판단을 통해서이긴 하지만 건강과 침묵을 동일시했다. "몸(장기와 그 기능)이 주로 알려지고 드러나는 것은 강점을 통해서가 아니라 병약한 자, 환자, 장애인, 부상자들이 가진 장애를 통해서다. 이처럼 나를 가르쳐 주는 것은 정신의 혼란과 그 기능장애다"(『정신의 거대한 도전과 무수한 미소함』, 1966). 디드로는 『듣고 말하는 사람을 위한 농아인에 대한 편지』(1751)에서 이 모든 이에 훨씬 앞서, 그리고 그들 중 누구보다도 더욱 의미심장하게 다음과 같이 썼다. "사람이 건강할 때는 몸의 어느 부분도 자신의 존재를 우리에게 알려 주지 않는다. 만약 어떤 부위가 통증을 통해서 그 존재를 우리에게 알려 준다면, 그것은 분명 우리가 건강하지 않다는 의미다. 설령 쾌감을 통해 그 존재가 알려진다 하더라도 우리 몸이 좋아지고 있는지 항상 분명한 것은 아니다."

건강은 고전주의 시기와 계몽시대에 흔히 다루어진 철학적 주제였다. 그것은 일반적으로 질병으로부터의 면제가 건강과 동일시되는 언제나 같은 방식으로 이루어졌다. 그래서 라이프니츠는 『변신론』(1710)에서 선과 악에 대한 피에르 벨Pierre Bayle의 주장을 논의하며 다음과 같이 썼다. "육체의 선은 오직 쾌감에만 있는가? 벨 씨는 그런 견해인 듯하다. 그러나 나는 육체의 선이 건강과 같이 중립적 상태에 있다는 생각이다. 인간은 병이 없을 때 충분히 좋다. 전혀 광기가 없는 것은 어느 정도의 지혜다"(§251). 라이프니츠는 조금 뒤에서 다음과 같이 덧붙인다. "벨 씨는 건강을 고려의 대상으로 삼지 않고자 한다. 그는 건강을, 예를 들자면 공기와 같이, 전혀 느껴지지 않는 희박한 물체에 비유한다. 그러나 그는 통증을 보다 밀도가 높은 물체에, 작은 부피 안에 많이 밀어 넣은 것에 비유한다. 그런데 통증 자체도 우리에게 건강이 결여되어 있을 때 건강의 중요성을 인식하게 만든다"(§259).

철학자들 가운데서 건강 문제에 가장 많은 관심을 기울인 이로는 칸트를 꼽아야 한다. 개인적인 생활 기술의 성공과 실패 덕분에 ― 여기에 대해서는 바지안슈키가 『이마누엘 칸트의 말년』(1804)에서 길게 서술했다 ― 칸트는 건강 문제를 『능력의 갈등』(1798)의 3부에서 다루었다. 사람들은 건강에 관해 당혹스러운 상태에 처하게 된다고 그는 말한다. "사람들은 건강하다고 스스로 느낄 수 있는데 그것은 안녕하다는 자신의 느낌에 따른 판단이다. 그러나 사람들은 자신이 건강한지를 결코 알 수 없다. … 아프다는 느낌이 없을 때, 우리는 자신이 **외관상** 건강하다고 말하는 것 말고는 달리 자신의 건강함을 표현할 수 없다." 칸트의 이러한 언급은 일견 단순해 보임에도 불구하고 건강을 지식의 영역 너머의 대상으로 만들기 때문에 중요하다. 칸트의 언명을 더욱 강화해 보면 건강에 대한 과학은 존재하지 않는다. 잠시 이러한 입장을 받아들인다면 건강은 과학적 개념이 아니라 통속적 개념이다. 여기서 통속적이라는 것은 부차적이거나 사소하다는 의미가 아니라 모든 이들에게 관계되는 공통적인 것이라는 의미다.

라이프니츠, 디드로, 칸트 등 일련의 철학자들의 첫머리에 데카르트를 위치시켜야 할 것 같다. 그가 유기체의 기능에 대한 기계적 개념을 만들어 낸 사람인 만큼 건강에 대한 그의 개념은 더욱 중요하다. 자신에 대한 의사였던 이 철학자는 침묵하는 가치에 대한 송가에서 건강과 진리를 연결시킴으로써 지금껏 제대로 인식되지 않은 문제를 제기했다고 나는 생각한다. 샤뉘에게 보내는 편지(1649년 3월 31일)에서 그는 다음과 같이 썼다. "건강이 몸과 관련해 우리가 가진 모든 재산 중 가장 큰 것임에도 불구하고 우리는 그에 대해 가장 적게 생각하고 가장 적게 음미한다. 진리에 대한 인식은 정신의 건강과 같다. 그것을 소유하고 있으면 그에 대해 더는 생각하지 않는다."

이러한 동일시를 역전시켜 건강이 몸의 진리가 될 것인가를 전혀 묻지 않았던 것은 어찌 된 일일까? 진리는 판단의 실행에 고유하게 적용되는 논리적 가치만은 아니다. 진리에 다른 의미가 있다는 사실을 말하기 위해 하이데거를 인용할 필요는 없다. 에밀 리트레의 『프랑스어 사전』에 있는 '진리' 항목은 다음과 같이 시작된다. "그것에 의해 사물의 그러함이 나타나는 성질." 올바름에 해당하는 라틴어 'verus'는 실제적이고 규칙적이며 정확하다는 의미로 사용된다.

건강하다라는 의미인 'sanus'는 그리스어 '사오스'σάος에서 유래하는데 거기에도 '온전하거나 잘 보존되어 있는', '틀림없거나 확실한'이라는 두 가지 의미가 있다. 여기에서 '건강하고 안전한'이라는 표현이 유래한다. 『해부학, 생리학, 의학에 관련된 통속적 표현의 역사』*Histoire des expressions populaires relatives à l'anatomie, à la physiologie et à la médecine*(1892)에서 에두아르 브리소는 건강-진리의 연합에 대한 일반인들의 인정으로 생각할 수 있는 표현을 하나 인용한다. "병든 운동선수처럼 바보 같은"이라는 표현이다. 여기서 바보스럽다는 것은 어리석은 동시에 틀렸다는 의미다. 운동선수의 특성habitus은 최대한의 육체적 수단을 소유하고, 야망을 능력에 합치시키는 것이다. 병든 운동선수는 자신의 몸이 거짓임을 고백한 것이다.

그러나 표현법을 수집하기보다는 준거를 보다 섬세하게 선택하는 독일 작가가 있다. 내가 주장자를 기다리는 테제라는 말을 한 적이 있는데 그는 이 테제에 대한 예기치 않은 지지자다. 프리드리히 니체다. 니체에 대한 많은 주석가 이후에, 특히 앙들레르, 베르트람, 야스퍼스, 뢰비트 이후에 질병과 건강에 관한 니체 텍스트들의 의미와 중요성을 결정하기는 쉽지 않다. 『권력의지』(비앙키Geneviève Bianquis 번역)에서 니체는 때로는 클로드 베르나르를 따라 건강과 질병의 동질성을 믿기도 하고(I, 364), 때로는 병적 경향을 흡수하고 정복할 수 있는 "위대한 건강"la grande santé을 칭송하기도 한다. 이 위대한 건강은 『즐거운 지식』에서 모든 가치와 욕망을 시험하는 능력이 된다. 『안티크리스트』에서 기독교는 "반듯하고 고결하고 뛰어난 모든 것"에 대한 반감을 통해 건강한 사람에 대한 병자의 본능적 반감을 구현했다고 고발당한다. '반듯한'droit이라는 말을 기억하자. 『차라투스트라는 이렇게 말했다』에서 우리는 반듯한 몸이 내세의 병약한 설교자에 대비되는 것을 발견한다. "건강한 몸이 하는 말에는 더욱 많은 진실함과 순수함이 있다. 완전한 몸, 즉 곧은 각을 가진 몸이 말하는 것은 땅의 의미다." 여기서 직각은 중국신화에서 땅의 상징임을, 다시 말해 땅은 사각형이며 그것을 나눈 것들도 사각형임을 상기하는 것이 불필요하지는 않을 것이다. 따라서 **건강**은 니체에게 반듯함, 신뢰성, 완전함으로 요약된다. 그리고 더 나아가 "몸은 위대한 이성이고, 하나의 유일한 감정이 가지는 다수성이며, 전쟁과 평화이며 양 떼와 목자다". 끝으로 "그대의 몸 안에는 그대가 가진 최상의 지혜 안에 있는 것보다 더 많은 이성이 들어 있다".

1884년 니체가 이것을 썼을 때 유기체의 조절기구와 기능의 존재는 생리학자들에 의해 실험적으로 확립된 상태였다. 그러나 영국의 위대한 생리학자 스탈링이 1923년 조절과 항상성에 관한 강연의 제목으로 "몸의 지혜"라는 제목을 붙였을 때 그가 니체를 염두에 두었을 가능성은 거의 없다. 이 제목은 1932년 캐넌에 의해 되풀이되었다(캐넌도 1932년 동일한 제목을 붙였다). 1905년 호르몬이란 용어를 만들어 낸 스탈링은 1912년 『인체생리학의 원리』*Principles of Human Physiology*를 출판했는데 후에 로밧 에반스Lovatt Evans가 개정한 이 책 말미에 실린 색인에는 **건강**이라는 단어가 포함되어 있지 않다. 마찬가지로 카이저의 『심리학』 색인에도 **건강**은 등장하지 않는다. 그런데

이 두 책의 색인에 **항상성**, **조절**, **스트레스**는 들어 있다. 우리는 이것을 건강의 개념에서 과학성을 거부하기 위한 새로운 주장으로 봐야 하는가?

유기체의 기능은 과학의 대상이지만 클로드 베르나르가 "조직 기능들의 조화로운 관계"(『당뇨병에 대한 강의』, 72쪽)라고 말한 것은 과학의 대상이 될 수 없는가? 한편 클로드 베르나르는 다음과 같이 명백하게 말했다. "생리학에는 각 현상에서 정확하게 결정해야 할 고유한 조건들만이 존재한다. 생명, 죽음, 건강, 질병 그리고 그런 종류의 다른 항목들 속에서 길을 잃고 헤매어서는 안 된다"(354쪽). 그렇지만 조금 뒷부분에서 클로드 베르나르는 "건강한 상태에 있는 유기체"(421쪽)라는 표현을 사용한다.

그러나 스탈링의 책 「서론」에는 사소하게 볼 수도 있지만 내가 꼭 지적해야 한다고 생각하는 언급이 있다. 거기에서는 유기체 기능의 실행방식을 학생들에게 설명하기 위해 흔히 사용하는 **기전** mécanisme이라는 용어를 너무 심각하게 받아들이면 안 된다고 말하고 있다.

여기서 우리는 건강을 기계적 유형의 관계들이 만들어 내는 필연적 효과와 동일시하지 않는 것을 보고 안심한다. 몸의 진리인 건강은 정리定理를 통한 설명에 속하지 않는다. 기전에는 건강이 존재하지 않는다. 한편 데카르트는 「제6성찰」에서 이 사실을 가르쳐 주고 있다. 그는 시간이 맞는 시계와 고장 난 시계 사이의 차이를 부정하지만, 고장 난 시계와 수종 환자, 즉 갈증으로 인해 물을 마시게 되는 유기체는 다르다고 말한다. 물 마시는 것이 해로운데 갈증이 생기는 것은 자연의 오류라고 데카르트는 말한다. 데카르트는 건강이 "참으로 사물 안에서 발견되며, 따라서 적지 않은 진리를 가지는 것"aliquid quod revera in rebus reperitur, ac proinde nonnihil habet veritatis이라고 말했다. 기계에서는 작동하는 상태가 건강이 아니며 고장이 질병이 아니다. 이 사실을 『의식의 역설』에서 레몽 뤼에Raymond Ruyer처럼 심오하게 말한 사람은 없다. 많은 구절 가운데서 여기서는 자동제어의 악순환에 관련된 언급으로 충분하다(198쪽). 살아 있는 유기체를 조절기계로 인식하는 것은 사리에 어긋난다. 왜냐하면, 어떠한 종류이건 결국은 중간매개자를 통해 "조절기계는 항상 의식 있는 유기체가 수행하는 조절이나 선택을 대신하기 때문이다. … 자연에서 일어나는 조절은 정의상 기계가 없는 자기조절일 뿐이다".

기계에 질병이 없다는 사실은 기계에 죽음이 없다는 사실과 짝을 이룬다. 말라르메에게 영감을 준 것으로 인정되는 논란이 많은 상징주의자 빌리에 드릴라당은 『미래의 이브』에서 에디슨처럼 말을 포함해서 살아 있는 인간의 기능을 모방하는 전자기장치의 발명가를 상상한다. 작품 속의 안드레이드는 '나'Moi라고 말할 수 있는 여성-기계이지만 사람들이 자신에게 '너'라고 말하지 않기 때문에 자신이 살아 있지 않다는 사실을 스스로 안다. 그는 마지막에 다음과 같이 선언한다. "꺼져 가는 나를 누구도 무에서 구해 주지 않을 것이다. … 나는 소멸하더라도 누구도 애도의 추억을 가지지 않는 애매한 존재다. 불행한 나의 가슴은 메말랐다는 말조차 하기에 적당치 않다. 만약 내가 살 수 있다면, 만약 내가 생명을 소유한다면 … 그것은 오직 죽을 수 있는 능력이다."

몸은 독특한 존재다. 왜냐하면 몸의 건강은 몸을 이루는 능력들의 성질을 표현하며, 살아 있는 몸은 부과된 과업 아래에서, 따라서 선택의 여지가 없는 환경에 노출되어 살아야 하기 때문이다. 살아 있는 인간의 몸은 이러한 능력들과 그 실행, 그리고 그 한계를 평가하고 그것을 자신에게 제시할 수 있는 역량을 갖춘 존재가 가진 능력들의 총체다.

몸은 주어진 것인 동시에 생산물이다. 몸의 건강은 상태인 동시에 질서다.

몸은 유전형인 한에서 주어진 것이며, 유전형질의 구성요소들이 만들어 낸 필연적이자 독특한 결과다. 이러한 관계에서 볼 때, 몸이 세계에 현존한다는 사실은 무조건적 진리가 아니다. 생명이 처한 환경에 따라 유전정보 전사의 오류가 병적인 결과를 초래하기도 하고 그렇지 않기도 하다. 몸의 비진리는 드러나 있기도 하고 감춰져 있기도 하다.

몸은 또한 다음과 같은 의미에서 생산물이다. 특정한 환경에 동화되는 몸의 활동과 본인이 선택하거나 강요된 삶의 방식, 즉 운동이나 노동이 몸의 표현형을 만드는 데 기여한다는 점에서, 다시 말해 몸의 형태적 구조를 변화시키고 몸의 역량을 두드러지게 만든다는 점에서 생산물이기도 하다. 어떤 담론은 이상의 사실을 계기로 자신을 정당화하기도 한다. 위생의 담론이 그러하다. 위생은 최근에 재발견된 의학의 전통적 분야로, 개인의 삶을 규제하려는 사회-정치-의학적 야망에 의해 왜곡된 영역이다.

**건강**이 사회적 공동체나 직업적 공동체의 참여자로서의 인간에 대해 말해질 때 인간의 실존적 의미는 수량화의 필요성 때문에 감추어진다. 티소Samuel-Auguste Tissot[1728~1797]가 1761년 『건강에 대해 대중에게 알리는 글』과 1768년 『독서인의 건강에 대하여』를 출판했을 때에는 아직 상황이 그렇지는 않았다. 그런데 **건강**이 진리의 의미를 잃어 가기 시작하면서 인위성facticité의 의미를 가지게 되었다. 건강이 계산의 대상이 되었다. 우리는 건강진단bilan de santé[직역하면 건강의 대차대조표]이라는 말을 안다. 의학특수학교École spéciale de médecine의 교수였던 에티엔 투르텔은 1797년 이곳 스트라스부르의 르브로 출판사에서 『위생의 기초』를 출판했다. 개인의 건강에 대한 행정적 통제가 실행되는 공간은 역사적으로 확장되었다. 그 결과 **세계보건기구**는 개입의 영역을 한정하기 위해 건강에 대한 정의를 발표하지 않으면 안 되었다. 그 정의는 다음과 같다. "건강은 육체적, 정신적, 사회적으로 완전한 안녕의 상태이며 단지 허약함이나 질병이 없는 상태가 아니다."

건강이 **주어진** 몸의 상태일 때, 건강은 몸의 상태가 선천적으로 변질되지 않았다는 증거다. 몸은 그 존재를 통해 자신의 가능성을 입증한다. 몸의 진리는 안전이다. 그렇다면 때때로, 그리고 아주 자연스럽게 깨지기 쉬운 건강, 혹은 불안정한 건강, 심지어는 나쁜 건강에 대해 말하는 것이 놀랍지 않은가? 나쁜 건강은 유기체가 가진 안전 여백의 제약, 환경의 공격에 대한 허용과 보상 능력의 제약이다. 1648년 암스테르담에서 있었던 유명한 대담에서 젊은 뷔르망은, 인간의 생명을 통제하고 연장할 수 있도록 신체가 정확하게 구성되어 있다고 믿는 데카르트를 반박하며 질병이라는 사실을 반대의 근거로 내세웠다. 이에 대한 데카르트의 대답은 놀랍다. 자연은 변함이 없으며 오직 인간이 질병을 극복하여 더욱 강건하게 될 수 있기 위해서만 인간을 질병 속으로 던져 넣는다고 그는 말한다. 데카르트는 물론 파스퇴르를 예기할 수는 없었다. 예방접종은 유기체가 야생의 감염에 대항할 수 있도록 정밀하게 계산된 인위적인 감염이 아닌가?

건강은 **생성체**le corps produit라는 표현처럼 이중적 의미에서 겪는 보증, 즉 무릅써야 할 위험과 과감함에 대한 보증이다. 그것은 최초의 역량을 넘어설 수 있는 역량, 처음에는 가능해 보이지 않던 것을 할 수 있게 해주는 역량에 대한 느낌이다. 다시 운동선수로 돌아가 보자. 비록 다음과 같은 앙토냉 아르토의 인용문은 생명 그 자체보다는 생명이라는 이름 아래에 존재하는 인간에 우선적으로 관계되는 것이기는 하지만, 이 텍스트는 건강의 정의에 관해 언급될 수도 있다. "우리는 오직 우리가 우월할 때만, 자신이 최소한 일부 현상들의 기원이라고 느낄 때만 삶을 받아들일 수 있다. 확장의 능력 없이는, 사물을 어느 정도 지배하지 않고는 삶은 지켜질 수 없다"(『초현실주의 혁명』 중 「예언자에게 보내는 편지」 1926년 12월 1일).

우리가 말하는 건강은 기구에 의해 측정된 것과는 거리가 멀다. 우리는 이 건강을 자유롭고 제약받지 않으며 계수화되지 않은 건강이라고 부를 것이다. 이 자유로운 건강은 전문가들이 말하고 생각하는 건강이 아니다. 위생주의자들은 인구집단을 관리하는 데 전념한다. 그들은 개인에 무관심하다. 공중보건santé publique은 논란의 여지가 있는 명칭이다. 위생salubrité이 더욱 적합한 말이다. 공적public이라는 것은 널리 알려진다publié는 의미인데, 아주 많은 경우에 질병이 그러하다. 병자는 도움을 요청하고 관심을 끈다. 병자는 의존적이다. 자신의 업무에 조용히 적응하며 상대적인 선택의 자유 안에서 존재의 진실을 구현하는 건강한 사람이 사는 사회는 그의 존재를 모른다. 건강은 단지 장기들의 고요한 삶 속에서 누리는 삶만은 아니다. 그것은 또한 신중한 사회적 관계 안에서 영위하는 삶이기도 하다. 만약 내가 건강하다고 말하면, 사람들의 틀에 박힌 질문들을 사전에 막는 것이 된다. 만약 내가 아프다고 말하면 사람들은 그 이유와 과정을 알고 싶어 하고, 나의 의료보험 가입 여부를 궁금해하거나 내게 묻는다. 개별 유기체의 쇠약에 관한 관심이 경우에 따라서는 어떤 제도의 예산 부족에 대한 관심으로 변질되기도 한다.

이제 각자가 체험한 건강이나 질병에 대한 묘사는 여기서 멈추자. 대신 건강이 몸의 진리라는 명제를 정당화시키는 시도를 해야 한다. 건강은 활동하고 있는 몸의 지위를 생명의 단위로서 드러내는 최초의 표현이며, 몸이 가진 여러 장기의 토대다. 아무리 발전된 최신의 장기 적출과 이식의 기술이라도 적출된 몸의 한 부분을 조직학적 구조가 부합하는 전체에 통합시키는 몸의 능력만큼 놀랍지는 않다.

내 몸의 진리와 그 구성, 그리고 그 존재의 정당성은 표상할 수 있는 관념이 아니다. 이는 말브랑슈가 정신의 **관념**은 없다고 말한 것과 같은 의미다. 반면 일반적인 의미에서 몸에 대한 **관념**은 있지만, 말브랑슈가 생각했던 것처럼 신 안에서 볼 수 있고 해독할 수 있는 방식은 물론 아니며, 그것은 점차 검증이 이루어지는 생물학적, 의학적 지식 안에 제시된다. 이 건강은 현존하지만 불투명하며, 관념을 가지지 않는다. 이 건강은 몸에 대한 관념이, 다시 말해 의학 지식이 건강을 유지하기 위해 나와 **나의** 의사에게 제안하는 책략을 지지하고 그것이 유효함을 인정해 준다. 나의 의사는 보통 내가 근거를 갖고 그에게 말하는 것만을 받아들인다. 그것은 나의 몸이 증상을 통해 내게 알려 주지만 내게는 그 의미가 분명하지 않은 증상이다. 나는 나의 의사를 치료자로 보기 이전에 내 몸에 대한 주석가로 본다. 나의 의사도 그 사실을 받아들인다. 건강의 정의는 유기체의 생명이 쾌락과 고통의 경험 자체에 연결되어 있다는 사실을 포함한다. 그 정의는 **주관적 몸**의 개념을 의학적 담론이 3인칭으로 묘사할 수 있다고 생각하는 상태에 대한 정의로 은밀하게 끌어들인다.

살아 있는 인간 몸의 건강을 몸의 진리로 인정한다면 우리는 데카르트를 따르기로 한 것이 아닐까? 우리 시대의 일부 사람들이 데카르트의 길에서 애매성의 덫을 발견하기는 했지만 말이다. 『몸의 철학과 현상학』(1935)을 쓴 미셸 앙리Michel Henry가 그러한 경우다. 반대로 메를로퐁티는 사람들이 애매하다고 비난하는 부분에서 데카르트를 신뢰한다. 이 점에 대해서는 『보이는 것과 보이지 않는 것』을 참고해야 하지만 이 문제는 이전에 『말브랑슈, 비랑, 베르그송에서 정신과 육체의 결합』(1943~1948)과 1960년 콜레주 드 프랑스의 마지막 강의 '자연과 로고스: 인간의 몸'에서 다루었다. 『보이는 것과 보이지 않는 것』의 각주에는 다음과 같은 구절이 있다. "폐쇄되지 않은 인체, 사유의 지배를 받는 만큼 개방된 인체에 대한 데카르트의 관념은 아마도 정신과 몸의 결합에 관한 가장 심원한 관념일 것이다." 결국 대가로서의 자질과 야망에도 불구하고 메를로퐁티는 넘어설 수 없는 것에 대해 주석을 다는 이상의 일을 하지 못했다. 주석가보다 텍스트의 생산자가 우월함은 당연하다. 그는 살아 있는 사람 몸의 존재가 "타인에게는 접근이 불가능하며 오직 자격을 갖춘 이에게만 가능함"을 인정한다(메를로퐁티, 『강의요약』, 콜레주 드 프랑스 1952~1960). 여기서 우리는 의식의 역설이란 "우리의 관점에서 기계적 현상에 익숙해진 우리의" 시선에서만 역설이라고 말했던 레몽 뤼에를 떠올린다(285쪽).[5]

어떤 개념을 명료히 하려는 우리의 시도가 신통치 않은 결과로 간주되는 위험에 처하지는 않을까? 우리가 건강에 부여한 정의는 일상적 경험에 따라서 몸이 원하는 대로 살아가고 행동하도록 허용하는 상태다. 그리고 철학에 대해 이러한 명제를 지지해 주기를 요청한다. 이렇게 함으로써 일반인의 관점에서 볼 때 우리의 문제를 다루는

5 이 순간 나는 세상을 떠난 로제 샹봉(Roger Chambon)의 학위논문을 떠올리지 않을 수 없다. 『지각과 실재로서의 세계』(1974)에서 그는 미셸 앙리와 모리스 메를로퐁티의 작업에 대한 훌륭한 논의를 펼쳤으며 레몽 뤼에의 작업에 대해서는 보다 주의 깊게 다루었다.

데 가장 적합해 보이는 분야, 즉 의학을 무시하는 것처럼 보일 수도 있다. 왜냐하면 우리가 아주 단순히 어떤 힘으로, 그리고 때로는 장애물로 느끼고 지각하는 몸은 의학적 지식이 대표하고 다루는 몸과 일정한 관계가 있었다고 우리의 의견에 반대할 수도 있기 때문이다. 이 관계는 19세기 프랑스에서는 하나의 제도로서 분명하게 나타나기도 했다. 이것은 오늘날 거의 잊힌 **보건관**officiers de santé이라는 제도다. 이 건강에 대한 파수꾼이자 조언자는 사실 의사보다 낮은 수준의 지식이 요구되는 준의사다. 이들은 일반 민중, 특히 도시보다 생활이 덜 복잡한 시골에 사는 사람들에게 봉사했다. 당시 몸에 대한 일반인의 지식은 항상 어느 정도 의과대학에서 유래한 지식에 빚지고 있었다. 오늘날에도 대중이 보는 몸은 나누어져 있다. 전문가들이 만들어 낸 의학적 이데올로기의 확산은 몸이 장기들의 도구인 것처럼 느껴지게 한다. 반대로 전문의와 일반의 사이 직업적 차원의 논쟁은 본질적으로는 정치적 논쟁이며, 이 논쟁을 배경으로 의학적 몸과 건강의 관계에 대해 의문이 머뭇거리며 혼란스럽게 제기된다. 직업적 차원에서 이루어지는 이러한 재검토의 흔적들은 자연요법주의자들의 다양한 항의에 반영된다. 그들은 환경운동과 건강에 새로운 가치를 부여하는 이데올로기와 연관되어 있다. 학교 없는 사회를 위해 싸우는 사람은 소위 "건강의 독점적 수용expropriation"에 맞서 봉기하기를 촉구한다. 과학적으로 조건 지어진 건강을 불신함으로써 사적인 건강을 옹호하고 예증하려는 시도는 다양한 형태로 나타났는데, 거기에는 매우 우스꽝스러운 것까지도 포함된다.

건강을 몸의 진리로 규정하기 위해 데카르트 철학에서 영감을 얻는다면 일상적 생활과 대화를 사용하여 자신의 건강을 자주적으로 관리하는 데카르트의 처방도 따라야만 하며, 그 이상을 할 수는 없는가(「엘리자베스에게 보내는 편지, 1643년 6월 28일」)? 합리주의에 반대하는 자연주의naturalisme의 신봉자들도 신학에 가까운 일종의 순자연주의naturisme에 부여된 신뢰에 의지할 수 있지 않은가? 주의 깊게 통제된 행동의 결과로 일어나는 경직화를 거부하고 자연적 건강, 원초적 건강으로 회귀하기를 권하는 것은 몸의 진리로 복귀하는 방법인가? 주관적 몸을 책임지는 일과, 억압적이라고 판단되는 의학, 나아가 의학에 적용되는 과학의 감시에서 몸에 대한 지식을 해방하는 책임을 자임하는 것은 별개의 일이다. 존재론적 의미에서 건강을 몸의 진리로 인정한다면 논리적인 의미에서의 진리, 다시 말해 과학의 현존을 받아들일 수 있을 뿐 아니라 받아들여야 한다. 물론 체험된 몸은 대상이 아니다. 그러나 인간에게 있어 산다는 것은 또한 인식한다는 것이다. 내 행위에 대해 책임질 수 있고, 사물을 존재하게 만들고, 내가 없이는 존재하지 않았을 사물들 사이의 관계를, 그러나 사물들이 없이는 존재할 수 없는 관계를 창조해 내는 한에 있어 나는 건강하다. 따라서 나는 사물들을 변화시키기 위해 그들이 무엇인지 알도록 배워야 한다.

물론 이 글을 마치며 나는 건강을 철학적 질문으로 만들었다고 나 자신을 정당화시켜야 한다. 이러한 정당화는 단순하다. 나는 그것을 메를로퐁티에게서 발견한다. 그는 『보이는 것과 보이지 않는 것』

(47쪽)에서 다음과 같이 썼다. "철학은 질문하는 자가 자신이 던지는 질문에 의해 문제시되는 그러한 질문들의 총체다."

# 치유에 대한 교육은 가능한가?

치유는 환자와 의사 사이의 관계에서 일어나는 사건으로 간주된다. 치유는 환자가 의사에게 기대하는 것이지만, 환자가 항상 얻는 것은 아니다. 따라서 환자가 지식의 산물인 의사의 능력에 근거하여 가지는 희망과, 의사가 자신의 능력에 대해 인정해야 하는 한계에 대한 인식에는 간극이 존재한다. 바로 이 점이 의학적 사유의 모든 구체적 대상 중 의사들이 가장 다루지 않은 문제가 치유인 주된 이유다. 그러나 그것은 또한 의사가 치유 과정에서 수익자의 평가를 주관적 요소로 참고하기 때문이다. 반면 의사의 객관적 관점에 따르면 치유는 결과에 대한 통계학적 조사로써 유효해지는 치료의 목표가 된다. 환자에게 치료 실패의 책임을 떠넘기는 희극 중의 의사를 불편하게 떠올리지 않더라도, 이런저런 환자가 치유되지 않는다고 해서 의사가 마음속으로 처방의 효과를 의심하지 않을 것이라는 사실을 우리는 안다.

반대로 어떤 개인이 치유되었다고 주장하려는 사람은 치유가 환자의 기대에 대한 만족으로 이해되더라도, 치유가 주의 깊게 처방되어 적용된 치료의 효과라는 사실을 입증해야 할 것이다. 그런데 오늘날 그와 같은 사실을 입증하기는 다음과 같은 이유로 과거보다 더 어렵다. 그것은 **위약효과**[6]라는 방법의 사용, 정신신체의학의 관찰, 의사-환자의 상호주관적 관계에 부여되는 관심, 그리고 일부 의사들이 의사의 현존이 가지는 효력과 약물의 효력을 비교하는 등의 일이다. 오늘날은 치료제를 어떻게 주는가가 무엇을 주는가보다 때로 더 중요하다.

요컨대 환자는 환자에 대한 의학의 의무가 치유라고 생각하는 반면, 오늘날에조차 대부분의 의사는 환자에 대한 의학의 의무가 더 잘 연구되고 실험되고 시험한 치료를 제공하는 것이라 생각한다. 의사와 치유자의 차이가 거기에서 유래한다. 환자를 전혀 치유하지 못하는 의사도 여전히 의사로 있을 권리가 있으며, 관습적으로 공인된 지식을 인가하는 자격증으로 질병을 발현하고 있는 환자를 치료할 자격이 주어진다. 그 질병의 증상, 원인, 병인, 치료는 의학서에 기재되어 있다. 치유자는 사실상 그가 가진 지식이 아니라 그의 성공에 따라서만 치유자로 판단된다. 의사와 치유자에게 치유와의 관계는 정반대다. 의사는 공식적으로 치유한다고 주장할 자격이 주어진다. 그

6 F. Dagognet, *La Raison et les Remèdes*, Paris, PUF, 1964, 특히 chap. 1; P. Kissel and D. Barrucand, *Placebos et Effet placebo en médecine*, Paris, Masson, 1964; D. Schwarzt, R. Flamant and J. Lellouch, *L'Essai thérapeutique chez l'homme*, Paris, Flammarion, 1970.

러나 치유를 경험하고 인정하는 것은 환자다. 치유자가 무면허라 하더라도 치유자의 능력은 다른 이들의 경험으로 입증된다. 이러한 사실을 알기 위해 '미개사회'sauvages로 갈 필요는 전혀 없다. 프랑스에서조차 자연의학la médecine sauvage은 의과대학의 문전에서도 항상 번성했다.

처음으로 치유를 중요한 문제이자 흥미로운 주제로 간주한 의사들은 대부분 정신분석가이거나 아니면 정신분석에서 그들의 시술과 가설에 대한 질문의 계기를 찾았던 사람들이다. 예를 들어 게오르크 그로덱은 1923년에 쓴 책 『그것에 대한 책』*Das Buch von Es*에서 주저 없이 의학과 돌팔이 의료를 동일시했으며,[7] 르네 알랑디René Allendy는 프랑스에서 그렇게 했다.[8] 전통적 의학의 관점에 따르면 치유는 인과관계에 의한 치료의 효과로 간주되며, 그 주된 관심은 진단과 처방의 타당성을 유효한 것으로 인정하는 것이다. 반면 정신분석의 관점에서 치유는 환자가 자신의 어려움을 해결할 능력을 되찾았다는 표지가 되었다.[9] 치유는 이제 외부에서 받은 명령이 아니라 환자가 되찾

7 "나는 이런저런 모든 종류의 의학적 치료법을 시험해 보고 사용했다. 내가 발견한 사실은 모든 길은 로마로 통한다는 것이다. 그것이 과학의 길이건 돌팔이 의술의 길이건 말이다"(*Le livre du Ça*, trans. Lily Jumel, Paris, Gallimard, 1973, p. 302). 이 책의 서문에서 로렌스 듀렐(Lawrence Durrell)은 다음과 같이 썼다. "그로덱은 의사라기보다는 치유자이자 현자였다."

8 *Essais sur la guérison*, Paris, Denoël et Steele, 1934. 이미 그 이전에 *Orientation actuelle des idées médicales*, Paris, Au Sans Pareil, 1927가 있다. 또한 알랑디와 공동작업을 했던 다음의 저작도 인용할 수 있다. René Laforgue, *Clinique psychanalytique*, Paris, Denoël et Steele, 1936, VII^e leçon: "La guérison et la fin du traitement" 이는 정신분석적 치료에 대한 것만은 아니다.

9 "질병을 이겨 내는 것은 의사가 아니라 환자다. 환자는 자신의 힘으로 치료된다. 그것은 마치

은 주도권이 되었다. 그것은 질병이 더는 사고accident가 아니라, 실패한 행동, 혹은 행동의 실패로 간주되었기 때문이다.[10]

어원적으로 '치유하다'guérir라는 말이 침입이나 반란에 대해 군사적으로 보호하다, 방어하다, (군수품을) 갖추다 등의 의미를 가진다는 사실은 널리 알려져 있다. 여기에 등장하는 유기체의 이미지는 외부나 내부의 적에게 위협받는 도시의 이미지다. 치유한다는 것guérir, 그것은 지키는 것이고garder 피하는 것이다garer. 침입, 스트레스, 방어와 같은 현대생리학의 일부 개념이 의학과 그 이데올로기의 영역에 들어가기 훨씬 이전부터 사람들은 그렇게 생각했다. 치유를 공격-방어 반응과 동일시하는 것은 지극히 근본적이고 원초적이다. 치유는 질병의 개념 자체에도 침투했는데, 이 경우 질병은 침입이나 혼란에 대한 저항으로 간주된다. 환자는 즉시 질병을 [치료의] 표적으로 취하기를 기대하지만, 일부 경우에서 치료를 위해 잠정적으로 질병을 방해하지 않기도 한다. 이처럼 질병과의 명백한 공모를 정당화하는 몇몇 저작이 나왔는데 그중 가장 유명한 것은 『치료하면 위험한 질병론』이다.[11] 이 표현은 샤르코가 1857년 자신의 학위논문 『의학에서의 관망에 관하여』 결론에서 차용했다. 이 논문은 질병을 질병 자신의 의사로 보았다. 이 논문은 17세기부터 19세기까지 수많은 역학적,

---

환자가 자신의 힘으로 걷고 먹고 생각하고 숨 쉬고 자는 것과 같다(Groddeck, *op. cit.*, p. 304).

10 Yvon Belaval, *Les Conduites d'échec*, Paris, Gallimard, 1953.

11 Dominique Raymond, *Traité des maladies qu'il est dangereux de guérir*, 1st ed., Avignon, F.-B. Merande, 1757. 지로디(M. Giraudy)가 주석을 첨부한 수정증보판, Paris, Léopold Colin, 1808.

혹은 화학적 변장 아래에 숨어 있는 약화된 히포크라테스 전통을 표현함과 동시에 동물유기체의 표상을 하나의 '경제'économie로 그렸다. 동물경제는 전체 안에서 각 부분의 관계를 주관하는 규칙의 총체다. 이는 공동선을 위해 정치적 우두머리의 권위에 의해 통치받는 공동체에서 그 구성원들이 연합하는 이미지를 따른 것이다. 처음에는 유기적 통합성이 사회적 통합의 은유로 사용되었으나, 지금은 반대로 사용되고 있다.[12] 치유를 교란의 종말이자 이전 질서로의 회귀로 인식하는 일반적이고 지속적인 경향이 여기에서 유래한다. 치유 과정을 기술하는 데 사용되는 모든 용어가 접두사 're-'를 가지는 사실이 이를 말해 준다. 즉 회복하다restaurer, 복구하다restituer, 복원하다rétablir, 회복시키다reconstituer, 되찾다récupérer, 다시 찾다recouvrer 등. 그런 의미에서 치유는 현상들의 가역성을 내포하며, 이 가역적 현상이 이어져서 질병을 이룬다. 이것은 고전주의 시대의 역학과 우주론이 근거하고 있는 보존법칙이나 불변법칙의 변형이다.[13] 치유가 이렇게 이

12 Ch. Lichtenthaeler, "De l'origine sociale de certains concepts scientifiques et philosophiques grecs", *La Médecine hippocratique*, Neuchâtel, La Baconnière, 1957; B. Balan, "Premières recherches sur l'origine et la formation du concept d'économie animale", *Revue d'histoire des sciences*, XXVIII, 1975, pp. 289~326.

13 힘의 보존에 대한 이론가였던 라이프니츠는 유기체 힘의 보존에 관한 히포크라테스의 정리(定理)를 자신의 체계 안에 논거로서 기재한다. 이 점에 대해서는 할레에서 경쟁 관계에 있던 두 의학자인 생기론자 슈탈과 기계론자 호프만이 모두 동의한다. "만약 사람이 때로 병에 걸린다면 나는 놀라지 않는다. 그러나 사람이 질병에 거의 걸리지 않거나 전혀 걸리지 않는다면 나는 놀랄 것이다. 그래서 우리는 동물 메커니즘의 훌륭한 고안을 높이 평가하는 것이다. 이 메커니즘의 제작자는 부패하도록 이 기계를 약하게 만들었으나, 스스로 유지될 수 있

해된다면 콧물감기나 요충감염과 같이 명백히 경미한 일부 사례를 제외하고 치유의 가능성에 이의가 제기될 수 있다. 왜냐하면, 만약 스스로 더는 아프지 않다고 말하는 사람의 만족감을 신뢰하는 것이 아니라, 기능적 검사의 확인을 요구한다면 유기체가 이전 상태로 회복되는 것은 기대하기 어려운 일로 드러날 수도 있기 때문이다.

19세기 마지막 사반세기에 시작된 생리학은 유기체를 상보적 메커니즘이나 폐쇄된 운영체계로 보던 개념을 환경에 대한 적응 기능과 자기조절 기능이 긴밀하게 연결된 유기체 개념으로 대체했다. 비록 호메오스타시스가 일견 고전주의 시대 의학에서 유명한 자발적 보존과 비교할 만한 것으로 보이더라도, 그것은 동형同形, isomorphe으로 간주될 수 없다. 왜냐하면 이제부터는 외부로의 개방이 생물학의 고유한 현상을 구성하는 요소로 간주되기 때문이다. 물론 생리학 확립 이전의 의학도 기후나 계절과 같은 유기체의 주변 환경을 모르지는 않았다. 그래서 '기후조건'constitution 이론이 생겨났다. 그러나 그것은 전쟁터에서처럼 많은 사람이 앓는 질병, 즉 유행병에 관련된 이론이었다. 유행병은 시기를 고려한다. 그래서 시드넘이 질병은 "일부 새와 식물의 예를 본받아서 1년 중 특정한 시기"를 따라 일어난다고 말했던 것이다. 상황에 대한 지식을 탐구하는 이유는 질병이 무엇으로 구성되는가를 알기 위해서가 아니라, 지금 문제가 되는 질병의 본

---

도록 만들었다. 왜냐하면 우리를 치유시키는 것은 의학이 아니라 자연이기 때문이다"(『변신론』, 1부 14절).

질이 무엇이며 어떤 유형의 치료법을 선택해야 하는가를 알기 위해서다. 따라서 유행병의 기후조건에 대한 낡은 이론을 오귀스트 콩트가 묘사하고[14] 생물학회 소속의 실증주의 의사들이 발전시킨 환경 이론의 선구로 보는 것은 잘못이 될 것이다. 그들은 과학으로서 생리학이 형성되던 시기의 의사들이기 때문이다.[15]

유기체가 환경에 개방된다는 사실이 유기체가 환경에 수동적으로 복종하는 단순한 관계로 이해될 수 있는 것은 결코 아니다. 그러나 유기체 고유의 일정한 상태를 유지하는 일에 종속되는 것으로 점차 이해되었다. 여기서 일정한 상태는 조절 회로에 의해 에너지 출입이 통제되는 관계로 표현된다. 그러나 이와 같은 개방 체계의 가시적 평형이나 현상유지 상태는 열역학 제2법칙의 지배를, 즉 불가역성과 선행 상태로의 회귀 불가에 대한 일반법칙의 지배를 절대 벗어나지 않는다. 이제 유기체의 모든 변천vicissitude은 그 유기체가 건강하건 아프건 혹은 치유된 것으로 간주하건 쇠퇴의 낙인이 찍힌다. 치료의 상징으로서 마술사 아폴론의 희미한 이미지가 지속됨에도 불구하고 어떤 치료도 [원상태로의] 복귀가 아니라는 사실을 모르는 의사는 없다. 프로이트가 그의 저작 중 가장 논란이 되는 부분에서 복귀라는 개념을 되살렸다. 그것은 죽음, 곧 생명에 선행하는 비유기적 상태로의

---

14 *Cours de philosophie positive*, 40e leçon(1836).

15 Émile Gley, "La Société de biologie de 1849 à 1900 et l'évolution des sciences biologiques", *Essais d'histoire et de philosophie de la biologie*, Paris, Masson, 1900, p. 187. 또한 리트레와 로뱅(Ch. Robin)이 편찬한 *Dictionnaire des sciences médicales*, 'mésologie' 항목을 참조하라.

복귀를 의미한다.[16]

열역학은 기원이 되는 연구대상으로 말하자면 증기기관에 대한 과학이다. 그것은 또한 그 학문이 유래한 사회적 유형과 관련해 말한다면 초기 산업사회의 특징적 과학이다. 초기 산업사회에서는 도시 인구가 우세해졌으며 인구 집중과 노동자의 노동 조건이 감염질환 발병의 중요한 요인이 되었다. 이때 병원은 누구나 익명으로 치료받을 수 있는 장소로 등장했다. 코흐와 파스퇴르, 그리고 그들의 제자가 세균이나 바이러스의 감염현상과 면역현상, 무균술, 혈청요법과 접종을 발견한 것은 그때까지 대책이 없던 공중위생의 요구에 대해 효과적인 수단을 전면적으로 제공한 것이다. 역설적으로 미생물학에 근거한 초기 치료법들이 성공함으로써 의학적 사고에서 질병 예방이라는 사회적 이상이 환자의 치유라는 개인적 이상을 점차 대체했다. 어떤 인구집단이 예방조치에 순응하면, 집단 전체가 건강하게 되므로 개인이 그 질병으로 인해 돌봄을 받고 치유되어야 하는 상황에 놓이지 않을 것이라고 기대하는 것은 당연하다. 그리고 실제로 현재 서구사회에서는 치료가 필요한 천연두의 사례는 더는 존재하지 않는다는 사실이 인정된다. 왜냐하면 천연두 접종이 체계적으로 시행됨으로써 이제 개인에 대한 치료가 불필요해지는 결과를 얻었기 때문이

---

16 J. Laplanche, "Pourquoi la pulsion de mort?", *Vie et Mort en psychanalyse*, Paris, Flammarion, 1970. 저자는 프로이트가 혼란이 없지는 않지만, 어느 정도로, 어떻게 헤르만 폰 헬름홀츠의 에너지학에 의거하는가를 보여 준다.

다. 개별 환자가 치유를 기대하는 실력 있고 친절한 의사 이미지는 점차 국가기구의 명령을 수행하는 대리자 이미지에 의해 가려진다. 국가기구는 모두의 선을 위해 맡아야 한다고 집단이 선언하는 의무에 부응하여 시민 개개인이 요구하는 건강권이 지켜지는가 감시한다.

공중위생의 진보와 예방의학의 발전은 화학요법의 눈부신 성공으로 지원을 받았다. 화학요법은 20세기 초반 파울 에를리히가 자연 면역 과정을 인공적으로 모방했던 연구에 근거하고 있다. 그것은 아마 치료법 역사에서 가장 혁명적인 발명일 것이다. 항생제는 단순히 치유수단만을 제공한 것이 아니라, 기대수명을 바꿈으로써 치유의 개념을 바꾸었다. 치료 성적을 통계적으로 계산함으로써 치유에 대한 평가에 치유의 실체를 측정하는 객관적 척도가 도입되었다. 그러나 치유에 대한 이러한 측정은 통계적으로 계산된 생존 기간으로 나타나며 새로운 질병의 출현(심장질환)과 오래된 질병(암)의 빈도 증가가 실려 있는 표에 포함된다. 오래된 질병의 증가는 평균수명이 늘어난 결과다. 이처럼 과거 의학이 가졌던 두 야망의 성취, 즉 질병 치료와 인간 수명 연장은 다음과 같은 간접적 결과를 가져왔다. 즉 오늘날의 의사는 치유 가능 여부에 대해 새로운 불안감을 가지는 환자와 직면하게 된 것이다. 암은 결핵의 뒤를 이었다. 만약 수명 연장이 유기체의 취약성과 그 쇠퇴의 불가역성을 확인시켜 주었다면, 또 의학의 역사가 인류의 역사에 대해 새로운 질병을 열어 주는 결과가 되었다면 도대체 치유란 무엇인가? 그것은 신화인가?

* * *

일반적으로 의사들이 치유에 대한 대중의 관념에 비판적이기는 하지만, 대중의 관념에 대한 정당화를 시도하지 못할 이유도 없다. 프랑스어에서 'guérir'는 타동사[치유하다]로 사용되기도 하고, 꽃이 피다fleurir나 성공하다réussir와 같이 자동사[치유되다]로 사용되기도 한다. 통속적으로 말하면 치유한다는 것은 훼손되거나 상실된 재산을 되찾는다는 것이다. 건강 개념의 사회적 · 정치적 함의에도 불구하고, 최근 건강은 사회-의료 권력 측면에서 준수되어야 할 의무로 받아들여지고 있는 까닭에 각 개인이 심판관이 되는 유기체의 상태로 남아있다. 르네 르리슈는 건강을 기관의 침묵 속에 영위되는 삶으로 정의했다. 의사들은 이 침묵이 돌이킬 수 없는 단계에 이미 도달한 병변을 가릴 수 있다는 사실을 상기시키며 르리슈의 건강 개념을 허망한 것으로 봤다. 그러나 그들의 관점에 근거가 있더라도, 건강이 잘 지낸다는 것se bien porter, 즉 개인이 직면해야 할 상황에서 잘 처신한다는 것se bien comporter은 [건강 개념에서] 보존되어야 할 기준이다.[17] 건강은 나중에 경험될 선택되거나 강요된 모든 활동이 잠재된 **선험적** 상태다. 생리학자의 과학은 이 **선험**을 복수의 **후천적**a posteriori 상수로 분해할 수 있다. 이러한 상수에 대해 질병은 평균에 따라 결정된 기준을

17 치유에 대한 서로 다른 개념과 평가에 대해서는 다음을 참조하라. J. Sarano, *La Guérison*, Paris, PUF, 1955(2nd ed., 1966), coll. 'Que sais-je?'.

넘어서는 편차를 가진 변이다. 그러나 살아 있는 주체의 모든 대처 능력을 가능 조건들에 대한 객관적 분석으로 대체하는 것은 언어의 지위를 거부하는 표현양식을 언어로 대체하는 것이다. 의사는 의학이 잘 만들어진 언어라고 생각하는 반면, 환자는 알아들을 수 없는 말로 자신을 표현한다. 그러나 의사도 처음에는 일반인이었다. 그때 그는 신이 될지 탁자가 될지 세면대가 될지 확실히 알지 못했다. 그는 자신이 조각되기 이전 원덩어리 시절의 기억을 일부 갖고 있다. 그 역시 원칙적으로 학자의 언어에 의해 평가절하된 알아들을 수 없는 말의 일부 요소를 갖고 있다. 따라서 의사는 다음과 같은 사실을 이해하는 데 동의하게 된다. 즉 환자의 요구는 자신이 살아가는 데 필요한 어떤 성질을 보존하거나, 혹은 그의 등가물을 되찾는 데 한정될 수 있으며, 치유에 대한 객관적 검사의 결과가 양성이고 일치하는지를 아는 것에는 관심이 없다. 반대로 의사는 다음과 같은 사실을 이해하지 못할 수 있다. 즉 환자가 처방에 따라 치료받은 결과 감염이나 기능 이상이 사라졌으나 질병에서 해방되었다고 생각하지 않고, 치유되었다고 말하거나 치유된 사람처럼 행동하기를 거부한다는 사실이다. 요컨대 과학성과 기술성이 강화된 의료시술의 관점에서 보면 많은 환자가 남들이 생각하는 것보다 만족하지 못하거나 어떤 환자는 자신에게 필요한 치료가 이루어진 것조차 인정하기를 거부한다. 따라서 건강과 치유는 의학 논문과 임상 토론회에서 배우는 어휘와 구문과는 다른 종류의 담론에 속한다.

1865년 빌맹은 결핵의 전염성에 대해 자신이 확실하다고 생각한 증거를 제시했지만, 그것으로 동시대인의 지지를 얻기에는 부족했다. 브리슈토는 18세기부터 스페인과 시칠리아 왕국에서 발효되었던 엄격한 칙령을 암시한 바 있는데, 당시 많은 사람은 브리슈토처럼 전염이라는 개념은 남쪽 사람들의 상상력 속에서만 태어날 수 있었다고 생각했다.[18] 말하자면 의사들은 대중의 저항에 맞서 싸우면서도 공포와 거부라는 대중의 저항을 자신들의 질병 개념에 통합시켰다. 그것은 사람의 결핵과 소나 조류의 결핵 사이에, 그들이 같은지 다른지에 대해 여전히 논쟁이 진행 중이지만, 의학은 더 나은 용어가 없어 어쩔 수 없이 심리적이라고 불러야 할 결정 인자의 적극적 존재를 확인했기 때문이다.[19] 나병이 중세에 그러했던 것처럼 결핵은 공포의 대상이었다. 질병을 명명하면 증상은 심해진다.[20] 왜냐하면 결핵은 유기체의 소진뿐 아니라 사회적 배제를 초래했기 때문이다. 사람들이 환자 주위에 유독성이 잔존한다고 의심하는 한, 환자는 결핵에서 치유되었더라도 오랫동안 환자로 남는다. 비록 실험실 검사로 확인되었

---

18 결핵의 역사에 관해서는 다음을 참고하라. M. Piery and J. Roshem, *Histoire de la tuberculose*, Paris, Doin, 1931; Ch. Coury, *La Tuberculose au cours des âges*, Suresnes, Lepetit, 1972.

19 퐁탈리스(J.-B. Pontalis)는 심리학이라는 용어의 모호함을 인정했다. 자신에 대한 표상이 표상하는 주체를 구성하는 것인 양 이 용어가 어떤 분야와 대상을 동시에 지칭하기 때문이다(*Entre le rêve et la douleur*, Paris, Gallimard, 1977, p. 135).

20 *Journal de Marie Bashkirtseff.* "포탱은 결코 폐가 침범당했다고 말하고 싶지 않았다. 그는 그와 같은 경우에 대한, 즉 기관지나 기관지염 등에 대한 통상적인 처방을 사용했다. 정확히 아는 것이 좋을 것 같다. … 결국 내가 폐병 환자라고? 겨우 2~3년이 지났을 뿐이다. 그로 인해 내가 죽기에는 충분히 진행되지 않았다. 다만 아주 귀찮을 뿐이었다"(1882년 12월 28일 목요일). 1882년에 코흐가 결핵균을 확인한 사실에 주목하라.

다 하더라도 사회적 존재로서 재통합되지 않으므로 치유는 완성되지 않는다. 그것은 생체 능력이 감소해서가 아니라 차별에 대한 불안을 느끼기 때문이다. 이런 종류의 치유를 병리적이라 말할 수 있으며, 오늘날 결핵에서는 드무나 암에서는 흔하다. 이는 치유된 사람의 주변 사람들이 이 무자비한 질병에 대해 가지는 관념에 대한 그 같은 불안 반응 때문이다. 그러나 한편에는 치유에 도달하지 못하거나, 혹은 치유된 것처럼 행동하지만 실존의 문제제기에 단호히 새롭게 맞서지 못하는 환자가 있는가 하면, 다른 한편에는 자신들의 질병에서 어떤 이익을 발견하고 치유를 거부하는 환자들이 있다. 의학적 개입에 대한 이와 같은 수동적 저항에서 환자는 자신이 약해지고 압도된 상황에 대한 일종의 보상을 추구한다. 이 경우 환자는 치료적 관계에서 주도권을 쥔다.[21]

이러한 병리적 치유에서는 치유를 종결과 재출발로 간주하는 전통적 의미가 가능하지 않다. 따라서 환자에 대한 의사의 관계를 고장 난 장치에 대한 기술자의 관계로 간주하는 것도 불가능하다. 그러나 의과대학의 의사교육은 치유가 오로지 물리적이거나 생리학적 차원의 개입에 의해서만 이루어지는 것처럼 이루어진다. 의사들은 자신들의 권고와 치료적 행동이 엄격하게 객관적인 토대 위에 있다고 확신하지만, 이는 의사들이 가지는 최악의 주관적인 직업적 환상이다.

---

21 일을 쉬었던 환자가 병가가 끝나 본업에 복귀해야 하는 상황에서, 이를 지연시키기 위해 질병 상태에 만족하며(complaisance) 계속 있으려는 경우는 여기에 해당되지 않는다.

의사와 환자 사이에는 긍정적이건 부정적이건 모종의 작용 관계가 반드시 형성되지만, 의사들은 이러한 관계를 무시하거나 망각하면서도 이를 정당화한다. 이러한 관계는 실증주의 의학의 시대에는 주술이나 미신의 낡은 잔재로 간주되었다. 이러한 관계가 다시 현실성을 얻은 것은 정신분석 덕분이며, 그에 대해서는 이미 너무 많은 연구가 이루어져 여기서 다시 언급할 필요는 없을 것이다.[22] 그러나 개인으로서 의사가 환자 개인에게 기울이는 관심의 의미에 대해 자문해 보는 것은 긴급한 일로 생각된다. 소위 선진국에서, 위생 기구와 규정에 의해, 또 '치유기계'[23]의 기획된 증식에 의해 점차 분주해지는 의료 공간에서는 더 그러하다.

* * *

상황이 너무 악화되어 나의 뇌가 거기에 가해진 걱정과 근심을 더는 견뎌 내지 못할 지경에 이르렀다. 그는 다음과 같이 말했다. "나는 포기한다. 그러나 혹 누군가 나를 지켜 줄 사람이 있다면, 그가 내 짐을 조금 덜어 주게 하고 그러면 우리는 여유를 좀 가질 것이다." 이 순간 명백히 특별히 잃을 것이 없는 폐가 나타났다. 뇌와 폐의 논쟁은 나도

---

22 J.-P. Valabrega, *La Relation thérapeutique, malade et médecin*, Paris, Flammarion, 1962.

23 M. Foucault, B. Fortier, B. Barret-Kriegel, A. Thalamy and F. Beguin, *Les Machines à guérir (aux origines de l'hôpital moderne)*, Paris, Institut de l'environnement, 1976.

모르는 사이에 진행되었으며, 보기에 끔찍했을 것임이 틀림없다.

또한

지금 내가 결핵과 맺고 있는 관계는 어머니의 치맛자락에 매달려 있는 아이의 관계와 같다. … 나는 계속해서 그 질병을 설명하고자 한다. 나도 모르는 사이에 나의 뇌와 폐가 일종의 협정을 체결한 것으로 보인다.[24]

모든 환자, 특히 모든 결핵환자가 카프카는 아니다. 그러나 『심판』의 작가가 하는 내밀한 이야기를 들은 사람 중 누가 감염질환 출현에 유리한 유기체의 소진을 만드는 그의 곤경 상황을, 심리사회적 기원을 가진 이 진실을 인정하지 않을 수 있겠는가? 만약 그것이 만성피로에서 위십이지장궤양에 이르는 신경-내분비계통과 관련된 질병이라면, 그리고 일반적으로 소위 적응상의 질병이라면 더욱 그러할 것이다.

이러한 곤경 상황은 사회적 구조 차원에서 일어난 소통 차단의 표출이므로, 그 치료제에 대한 연구도 결국 사회적 차원에 속하는 것은 아닌가? 사회는 질병 요인의 분포와 그 상관관계에 대한 지극히

---

24 위의 두 인용문은 다음에서 따온 것이다. K. Wagenbach, *Kafka par lui-même*, Paris, Seuil, 1968, pp. 137~138.

정교한 정보를 활용하는 보건기구를 갖추고 있다. 그러나 개인은 우연히 일어날 수 있는 치유를 위해 고통스러운 상황에서 불안한 싸움을 하고, 의사는 그런 개인을 도와준다. 의사에게 그것은 절망적 책무다. 어떤 유형의 사회가 의사를 이 절망적 책무에서 벗어나게 해줄 수 있는가?

살아 있는 동안 질병에 걸리는 것은 정상이고, 또 의학의 도움을 받거나 혹은 받지 않더라도 거기서 회복하는 것도 정상이다. 따라서 질병과 치유가 생물학적 조절의 한계와 능력 안에 포함되어 있다는 사실을 애써 감출 필요는 없다. 그러나 형이상학적 토대가 부여되지 않는다면 생물학적 정상성은 생물학적 사실 자체에 의해서만 보증되며, 우리는 오직 사실 자체만을 인정하게 될 것이다. 생명이 필연적 가능성이라는 사실을 믿기 위해서는 생명이 주어져야 한다.

살아 있는 유기체가 겪는 구조의 변이나 기능의 교란은 유기체를 파괴하는 데까지 이르지 않더라도 유기체에게 유전적으로 부여된 과업의 실행을 위태롭게 만들 수 있다. 그러나 인간에게 고유한 과업은 새로운 과업의 발명과 혁신임이 밝혀졌다. 그 과업의 실행에는 수련apprentissage과 주도성initiative이 동시에 요구되며, 실행이 이루어지는 환경은 그 실행의 결과 자체에 의해 변용된다. 인간의 질병은 단순히 인간의 육체적 능력의 한계가 아니라 인간 역사의 드라마다. 인간의 생명은 하나의 실존이자 생성하는 현존재être-là로 목적에 사로잡히거나 사전에 명령받지 않는다. 따라서 인간은 선고나 운명에 의해서가 아니라 세계에 단순히 현존함으로써 질병에 개방되어 있다. 이러한 점에서 건강은 입법의 틀에서 주장되는 경제적 차원의 요구가 전혀 아니라 생명이 실행되기 위한 조건들의 자발적 조화다. 다른 모든 실행이 근거하고 있는 생명의 실행은 다른 실행의 근거가 되지만 다른 실행과 마찬가지로 실패의 위험성을 내포한다. 그것은 사회적으로 규범화된 생명에 관한 어떤 법령도 개인을 지켜 줄 수 없는 위험이다. 산업사회에서 발명되고 제도화된 건강보험은 사람들이 항상 어느 정도 생명에 대한 위험을 포함하는 과업을 자신 있고 과감하게 받아들이게 함으로써 그 정당성을 인정받았다. 그들은 그것이 발생할 수 있는 경제적 손실을 보상한다고 확신한다. 따라서 성공의 보장이 없다는 이유로 질병 치료의 노력을 두려워해서는 안 된다. 질병의 위험은 건강의 향유에 내재해 있기 때문이다.[25]

---

25 코르니요(P. Cornillot) 교수의 의견을 참조하라. "Quatre vérités sur la santé", *Francs-tireurs de la médecine*(*Autrement*, no. 9, Paris, 1977). 저자는 절대적 건강 개념은 모든 생물계 특유의 동적 상태와 모순되며, 상대적 건강은 불안정한 동적 평형 상태임을 보여 준다. "상대적 건강은 표면적 상태로, 조용히 진행되는 병리적 과정에 대해 어떤 보장도 해주지 않는다. 이 병리적 과정은 생리학적, 혹은 심리학적 의미의 공격, 감염, 혹은 자아 상실에 대항하는 자연의 투쟁 메커니즘의 감시에서 벗어난다"(p. 234).
『해부학, 생리학, 의학에 관련된 통속적 표현의 역사』(E. Brissaud, *Histoire des expressions populaires relatives à l'anatomie, à la physiologie et à la médecine*, Paris, Masson, 1892)에서 브리소는 다음과 같이 썼다. "최상의 건강은 가장 긴 수명을 예상하지 않는다. 위생상의 오류를 피하고, 노화를 촉진하는 부주의나 특히 방탕을 삼가는 것은 부질없으며, 질병은 그런 모든 주의에도 불구하고 발생한다. 우리 스승 가운데 한 사람(사실 그는 건강염려증이 있었다)은 건강을 어떤 좋은 것도 예기하지 않는 불안정하고 일시적인 상태로 정의하지 않았던가?"(pp. 93~94). 따라서 닥터 녹은 쥘 로맹보다 나이가 더 많았다는 결론을 내릴 수 있다. [영역 주: 닥터 녹은 쥘 로맹이 쓴 희곡에 등장하는 인물로 사람들이 장기간 치료가 필요한 질병을 앓고 있다고 확신시킴으로써 이득을 취하는 인물이다.]

이 주제에 관해 『유기체의 구조』*Aufbau des Organismus*[26]에서 발전시킨 쿠르트 골드슈타인의 테제가 모리스 메를로퐁티 저작의 영향을 받은 철학적 그룹을 제외하고는 거의 반향이 없었던 사실에 놀랄 수도 있을 것이다. 그것은 아마 골드슈타인이 자신의 테제를 치료법의 철학으로서가 아니라 생물학의 인식론으로 제시했기 때문일 것이다. 그러나 이 저작의 마지막에서 의사의 활동은 교육자의 활동과 관련되어 있다.[27] 골드슈타인은 질서 있는 행동과 파국 행동의 개념을 대뇌손상을 받은 사람의 행동을 관찰함으로써 형성했다. 건강한 유기체는 그 모든 역량을 실현할 수 있도록 주변 세계와 타협한다. 병리적 상태는 환경에 대해 개입할 수 있는 원래의 자유가 감소한 것이다. 파국 행동을 발생시키는 상황을 회피하려는 불안한 노력이나 능력의 잉여치를 단순히 보존하고자 하는 경향은 '반응성'을 상실한 생명의 표현이다. 만약 치유를 질병이 강요하는 역량의 제한을 극복하려는 유기체의 과정 전체로 이해한다면, 치유한다는 것은 퇴행을 지연시키기 위해 애써 대가를 지불하는 것이다.

흔히 환자는 질병이 야기한 변용에 따라 양자택일의 상황에 처하게 된다. 환자는 환경의 좁아짐을 선택하고 그로 인한 자유의 상실을 감

---

26 1934년에 출간되었다. 이 저작의 프랑스어 번역본은 다음과 같다. Kurt Goldstein, *La Structure de l'organisme*, Paris, Gallimard, 1951. 유감스럽게도 오늘날 재간행되지 않고 있다[이 글이 출판된 시점인 1978년의 상황이다. 1983년에 재간행되어 현재에 이르고 있다].

27 *Ibid.*, p. 429.

내하거나, 아니면 반대로 자유의 상실을 최소화하는 대신 보다 큰 고통을 감내할 수 있다. 만약 환자가 보다 큰 고통을 참아 낼 수 있다면, 활동의 가능성은 증가한다. 아니면 의학적 치료법 덕분에 고통은 감소하겠지만, 동시에 그의 활동의 가능성은 감소할 것이다.[28]

이러한 상황에서 의사는 어떤 입장을 취해야 하는가? 상담자의 입장인가 인도자의 입장인가? 골드슈타인은 여기서 다음과 같은 문제를 제기한다. 이 문제는 발린트의 작업으로 유명해진 것이지만 그의 근거는 골드슈타인에 비해 확실하지 않다.[29] 환자를 치유라는 어려운 길로 인도하기로 결심한 의사는:

다음과 같은 상태에 있을 때만 그렇게 할 수 있다. 즉 의사-환자 관계에서 중요한 것은 오직 인과 유형의 지식에만 기초한 상황이 아니라, 환자와 의사 사이의 토론이라는 사실을 확신하는 것이다. 의사는 환자가 가능한 한 자신의 본성에 부합하는 구조를 획득할 수 있도록 돕는다. 의사와 환자 사이의 인격적 관계를 강조함으로써 현대의학의 관점은 물리과학에 고유한 사고 습관을 가졌던 지난 세기말의 의사와 아주 분명하게 대립된다.[30]

---

28 *Ibid.*, p. 360.

29 헝가리 출신의 정신분석가였던 발린트(Michael Balint)는 의사-환자 관계에서 제기되는 문제를 연구했다. *The Doctor, His Patient and the Illness*, London, Churchill Livingstone, 1957. — 옮긴이

그러나 놀라기보다는(이것은 쉬운 일이다), 이해하고자 노력해야 한다. 대부분의 의사는 자신들의 직종 내부에서 일어나는 일련의 항의운동이 의사직에 대해 제기하는 의문에 무관심하거나 거부감을 가진다. 그것은 집단 검진, 치료, 관리와 같이 통제되는 과업을 위해 치유라는 의사 본래의 사명을 포기하지 않았는가 하는 의문이다. 오늘날 '반anti-X'라고 선언하는 것처럼 널리 유행하고 수지맞는 일은 없다. 반정신의학이 그 시작을 했고, 반의료화가 그 뒤를 잇고 있다. 이 반 일리치는 건강에 대한 개인의 자기결정권 회복, 치유에 대한 자기관리와 자신의 죽음에 대한 요구권 등을 권유했다. 그러나 이보다 훨씬 이전에 정신분석과 정신신체의학이 대중매체의 특징인 통속화의 수준으로 강등됨으로써 환자를 자신의 의사로 전환시키는 것이 바람직할 뿐만 아니라 가능하다는 생각이 대중화되었다. 사람들은 뭔가를 새로 만들어 냈다고 생각했지만, 그것은 자기 자신에 대한 의사라는 수천 년 된 주제를 되풀이한 것이다.[31] 시대가 어렵고 탈출구가 별로 없었기 때문에 비전문적 치료시술자가 양적으로 증가했다. 과학의 적대자인 이들 시술자는 의사들을 비난했으며, 의사들이 무시하거나 그들에게 결여된 것을 자신들은 갖고 있다고 우쭐댔다. 그래서 실망한 환자들에게 다음처럼 호소했다. '우리에게 와서 치유되고 싶다고 말하라. 나머지는 우리가 알아서 해줄 것이다.' 그들이 내세운

30 Goldstein, *op. cit.*, p. 361.

31 다음을 참조하라. Aziza-Shuster, *Le Médecin de soi-même*.

주장은 때로 너무 공허하고, 허세에 가득 차 있어서 골드슈타인이 물리과학에나 적합한 사유 습관을 가졌다고 말한 부류의 의사들이 점차 사라져 가는 것을 유감으로 생각하게 될 정도였다. 자가치유의 옹호자들이 가진 개념적 저속함으로 인해, 흔히 의사들이 치료자로서 무력한 자신들의 역할에 만족하지 못함에도 불구하고, 의도는 좋으나 자기비판할 생각은 거의 없는 이데올로기를 지지할 수 없었다.

반의학도 반정신의학과 마찬가지로 모든 선결문제 요구의 오류[입증할 필요가 있는 것을 먼저 진실로 간주하는 오류]가 제공하는 최초의 이점利點에 편승했다. 이 문제[선결문제 요구의 오류]가 해결된 것으로 상정하고, 브루투스 카이사르라는 인물이 있다고 가정해 보자. 브루투스는 위장 부위에 주기적으로 매일같이 일어나는 지연성 격통으로 고통받는다.[32] 허위 의학 정보는 그에게 궤양의 증상과 호르몬 분비에 미치는 감정의 효과를 가르쳐 주었다. 그는 2차 세계대전 중 공습으로 런던 인구 가운데 위궤양이 유행한 사실에 대해 말하는 것을 들었다. 브루투스는 포르티아와의 결혼생활 문제를 먼저 심리치료사에게 말할 것인가, 아니면 가까이 있는 영상의학과 의사에게 달려갈 것인가? 어떻게 할지 결정을 내리는 동안 통증을 가라앉히기 위해 그는 엄격한 식이요법을 채택하고 비스무트염을 복용할 것인가? 보다시피 브루투스는 자신도 모르게 서로 다른 의사의 얼굴이 반

---

32 툴루즈 출신의 한 훌륭한 암전문의는 환자에 대한 고결한 헌신과 환자의 개인적 문제에 대한 지칠 줄 모르는 관심으로 유명한데, 그는 위궤양 진단은 전화로도 할 수 있다고 가르쳤다.

사되고 흐려지는 거울이 되었다. 의사들의 테크노크라시에서 벗어나고자 하는 사람은 여전히 최선의 옷감을 짜려는 의학의 그물망에 사로잡혀 있는 자신을 발견하게 된다. 브루투스는 치유자에게 감으로써 거기서 벗어날 수 있을 것이다.

요컨대 의사들은 자기 환자들의 정서적 곤경을 인내심을 갖고 물어보는 일에 소홀하기 때문에(그들이 원래부터 그렇다기보다는 시간이 없어 그러하다), 정신신체적 문제라고 주장하며 등장한 최초의 치료자에 비해 그들이 열등하다는 결론을 내려야 하는가? 이 치료자가 처음에는 정서적 보상 차원의 섭식 행동의 결과로 생겼으나, 나중에는 갑상선이나 부신피질 이상으로 생긴 비만의 치료에 더 자격이 있을 것인가? 치료법의 환원주의라는 관점에서 심리주의psychologisme가 생리주의physiologisme보다 더 나은가?

긴 진료시간에 필수적인 시간의 문제가 해결되었다고 가정해 보자. 긴 진료시간은 곤경에 처한 환자의 하소연을 듣도록 교육받은 의사 수의 불가피한 증가와 보수의 문제로 귀결된다. 미래의 의사를 위한 대학병원 수련에서 '쾌활한' 소통에 대한 교육과 인간적 접촉 능력에 대한 검사와 시험이 도입되어야 할까? 그것이 아니라면 의욕에 넘치는 의사와 준의료인으로 구성된 건강팀이 자신의 몸과 일, 집단에 대한 각 개인의 새로운 관계 설정을 담당해야 하는가? 충분히 좌파적이라고 할 이러한 해결책은 우파 이데올로기와의 모든 결탁에서 벗어나 있는가? 인간적 접촉은 자율신경계의 생리학처럼 가르치거나 배울 수 있는 것이 아니다. '쾌활한' 소통 능력을 부여받지 못한 사람을 의료직에서 제외시키는 것은 불평등한 선택 기준을 새롭게 확립하는 것이 될 것이다. 건강팀에는 기술자의 책임을 맡은 사람도 있고, 감독관이 되는 것에 만족하는 사람도 있을 것이다. 건강을 탈의료화하려는 조직적 운동이 그 목적과 정반대되는 결과를 얻지 않을 것이라고 확신할 수 있는가? 부를 평등하게 분배하는 것처럼 집단이 더 나은 건강 상태에 있으면 개인도 더 나은 건강을 누릴 수 있다는 약속은 건강에 대한 강박증을 야기하는 것이 아니라고 확신할 수 있는가? 현재의 의료시술 방식 때문에 응당 누려야 할 건강을 박탈당했다고 스스로 간주하는 것 자체가 일종의 질병이다.

* * *

응당 누려야 한다고 생각하는 건강을 얻는 것과 스스로 얻은 건강에 가치를 부여하는 것은 별개의 문제다. 후자의 경우 치유 과정에서 의사의 역할은 유기체의 현 상태에 대한 치료법을 처방한 다음에는 남에게 위임할 수 없는 책임을 환자에게 가르치는 것이 될 것이다. 그 책임은 환경의 요청에 응하여 새로운 평형 상태를 획득하는 것이다. 의사의 목표는 교육자의 목표와 마찬가지로 자신의 기능을 불필요한 것으로 만드는 것이다.

과학적 의료의 일부 실천을 비판하기 위해 자연의학의 효력을 무분별하게 찬양할 필요는 없는 것 같다. 그러나 '실천의학이성비판'을 위한 시간이 도래한 듯하다. 실천의학이성은 치유의 과정에서 실험실의 지식이 쇠퇴의 법칙을 선험적으로 거부하는 맹목적 비상식과 필연적으로 결합되어 있음을 인정하게 될 것이다. 이 쇠퇴의 법칙에 따르면 건강은 성공의 표현이지만 그것은 항상 의문에 부쳐지는 성공이다. 따라서 치유에 대한 교육이 가능하다면, 그 교육은 프로이트가 '현실검사'라 부른 것에 해당하는 무언가를 동반해야 할 것이다. 이러한 교육의 목표는 다음과 같은 사실을 인정하도록 만드는 것이어야 한다. 그것은 현재나 장래의 어떤 기술이나 제도도 인간과 사물에 대한 완전한 영향력을 보장해 주지 못할 것이라는 사실이다. 개인의 생명은 시작되는 순간부터 그 생명력이 감소한다. 왜냐하면, 건강은 항구적 만족 상태가 아니라 위태로운 상황을 통제하는 선험적 능력이며, 이 능력은 계속되는 위험을 통제하며 쇠약해지기 때문이다. 치유 이후의 건강은 치유 이전의 건강과 동일하지 않다. 치유가 원상태로 돌아가는 것이 아니라는 분명한 인식은 환자가 이전 상태에 집착하지 않게 해줌으로써 가능한 한 최소한의 포기 상태를 찾아 가는데 도움을 준다.

스콧 피츠제럴드의 말기 작품 중 하나인 『균열』은 다음과 같이 시작된다. "모든 생명은 당연히 파괴의 과정을 겪습니다." 저자는 뒤에서 다음과 같이 덧붙인다. "최고 지성의 기준은 상반되는 두 관념을 동시에 마음에 품으면서도 여전히 기능할 수 있는 능력을 가지는 것입니다. 예를 들어 사태에 희망이 없다는 사실을 인정하면서도 그것을 바꾸려는 결심을 할 수 있어야 합니다."[33]

치유를 배운다는 것은 오늘의 희망과 종국의 실패 사이의 모순을 인정하기를 배우는 것이다. 오늘의 희망에 대해 '아니오'를 말하지 않으면서. 그것은 지성인가 아니면 단순함인가?

33 *La fêlure*, Paris, Gallimard, 1963, p. 341.

# 유기체와 사회에서 조절의 문제

나의 친구 피에르막심 슐Pierre-Maxime Schuhl이 세계이스라엘연합 Alliance Israélite Universelle의 모임에서 강연을 부탁했을 때, 나는 기꺼이 즐거운 마음으로 받아들였다. 내게 큰 영광이기는 하지만, 다만 이러한 상태에서, 일반적이지 않은 때에 여러분과 만나게 된 것은 유감스럽게 생각하며 그에 대해 양해를 구한다.

여러분에게 분명히 말하지만, 내가 충분히 검토하지 못한 문제를 다루기로 했다. 왜냐하면, 그것은 나 자신도 의문을 가지는 문제이기 때문이다. 내가 여러분에게 이야기하려고 선택한 주제는 내가 관심을 가지기 때문에 전념하는 것이라기보다는, 그것이 근본적인 문제라고 생각하기 때문에 관심을 가진다. 「유기체와 사회에서 조절의 문제」라는 상당히 기술적인 제목을 하고 있지만, 여기서 다루는 문제는 사실 아주 오래되고 여전히 해결되지 않은 문제, 즉 유기체의 생명과 사회의 생명 사이의 관계다. 때로는 학문적으로, 때로는 통속적으로 흔히 사회를 유기체에 비교하는 것은 은유 이상의 것인가? 이러한 비교는 본질적인 유사성에 근거하고 있는가?

이 문제가 흥미로운 것은 주어진 해결책이(만약 긍정적이라면) 어떤 정치적·사회학적 이론의 출발점이 되는 경우에 한정된다. 이들 이론은 사회적인 것을 생물학적인 것에 종속시키는 경향이 있으나, 사실은 정치적 실행을 위한 주장이 된다(위험이 된다고는 말하지 않겠다). 따라서 이것은 상당히 우려스러운 주제이므로, 내가 이것을 보다 자세하게 선언하거나 증명할 필요는 없다고 여겨진다.

사회를 유기체에 비교하는 이 계속되는 시도는 일반적으로 그 반대의 시도, 즉 유기체를 사회에 비교하려는 시도에서 유래되었고, 그것에 의해 배가되었다.

슾이 관심을 갖고 있는 고대 그리스의 사상가로 생물철학 초창기에 활동했던 크로톤의 알크마이온은 질병과 병리적인 문제에 의해 초래된 불균형을 반란으로 해석했다. 즉 그는 유기체에서 일어나는 질병의 본질을 설명하기 위해 사회학적이고 정치적인 개념을 도입했던 것이다.

18세기와 19세기에 자유주의 경제학자와 사회주의 경제학자는 분업이라는 사회적 현상과 그 효과에 관심을 가졌다. 그 효과는 일부에게는 유리하지만, 다른 이들에게는 가증스러운 것이었다. 동일한 시기에 생리학자들은 생명체를 구성하는 세포들과 여러 장기 혹은 기관들의 분업에 대해 말하는 것이 지극히 자연스럽다는 사실을 알게 되었다.

19세기 후반 세포설이 확산되던 순간 클로드 베르나르는 세포들의 '사회생활'에 대해 이야기했다. 그는 세포가 자유를 가질 때에도 사회에서 동일한 생활을 할 것인가를 자문했다. 그것은 결국 세포배양의 결과 문제를 미리 제기하는 것이었다. 사회에서 자유롭게 된 것과 마찬가지로 세포가 유기체 안에서 다른 세포들과 유지하는 모든 관계에서 벗어났을 때에도 잘 지낼 것인가?

세포설을 도그마의 차원으로까지 이끄는 데 가장 큰 역할을 한 에른스트 헤켈은 다세포 생명체를 지칭하기 위해 '세포 국가' 혹은 '세포 공화국'이라고 말했다.

요컨대 더 많은 예를 들어 봐야 사회학에서 생물학으로의 이행이라는 관념을 강화하는 데 별로 도움이 되지 않을 것이다.

여기서 사회학과 생물학 사이에는 좋은 방식이건 나쁜 방식이건 항상 교환이 존재했다는 사실에 주목해야 한다. 일부 경우에는 오직 역사만이 어떤 개념의 기원을 우리에게 밝혀 줄 수 있다. 생물학과 사회학에 있는 어떤 모호함 때문에 어떤 용어의 의미와 사용이 이들 분야에서 서로 동등한 타당성을 가지는 듯이 보이는 경우가 있다.

예를 들어 정치학과 경제학에는 **'위기'**crise라는 기본적 개념이 있다. 그런데 이것은 의학에서 기원한 개념이다. 그것은 질병의 진행 과정에서 일어나는 변화의 개념으로 특정한 증상에 의해 예고된다. 환자의 생명은 질병의 진행 과정 안에서 사실상 결정된다.

나는 여러분에게 **'체질'**constitution이라는 용어를 상기시켜 보고자 한다. 이 역시 아주 모호한 용어인데, 사회적 영역뿐 아니라 생물학 영역에도 유효하다. 만약 우리가 한 영역에서 다른 영역으로의 이행을, 즉 생물학적 영역에서 사회적 영역으로의 이행을 찾는다면 아무리 멀리 거슬러 올라간다 하더라도 우리는 그것을 발견하지 못할 것이다. 이 용어는 항상 양의성과 모호성을 가지며, 두 분야 모두를 설명할 수 있다.

따라서 내가 이상의 모든 사실을 상기시키는 것은 사회를 유기체에 비유하는 것이 단지 소위 **사회유기체설**organicisme에 근거한 것이 아니라는 사실을 보여 주기 위해서다. 사회유기체설은 19세기 말에 생긴 짧은 역사를 가진 사회학 이론이다. 이 이론이 바로 이때 분명한 형태로 출현하게 되는 것은 오귀스트 콩트와 같은 사회학자들이 유기체 각 부분 사이의 '공감'consensus이나 교감sympathie과 같이 생물학에서 기원한 개념을 사회학의 영역에 수입했기 때문이다. 그러나 그는 인간의 역사나 전통이라는 사실을 통해 볼 때, 사회적 생명과 유기체적 생명은 근본적으로 이질적인 두 영역을 구성한다는 사실을 인정했다.

나는 가장 대중적이라 말할 수 있는 양상을 통해, 즉 양자를 서로 비교하는 시도를 통해 이 문제에 접근하고자 한다. 대중적 표상의 관점에서는 양자를 동일시하는 경향이 있다. 그러나 우리는 이러한 동일시를 즉각 수정해야 한다. 내가 말하고자 하는 것은 다음과 같은 사실이다. 즉 대중은 사회적 문제와 유기적 생명체에서 제기되는 문제, 그리고 그 장애에 대해 공통된 견해와 태도를 가지는데, 철학자는 그

근원적 이유를 탐구해야 한다는 것이다.

물론 사회를 유기체에 비교하는 것은 사회의 구조와 그 기능에 대한 모종의 견해를, 특히 심각한 난관에 봉착한 사회에서 어떤 개혁이 필요한가에 대한 견해를 기대하는 경우에 한정된다. 다시 말해 유기체와 사회의 비교를 지배하는 것은 사회적 투약의 개념, 사회적 치료학의 개념, 사회적 악에 대한 치료제의 개념이다.

그런데 건강과 질병의 관계에서, 따라서 유기체의 수리réparation와 사회적 장애의 수리의 관계에서, 질병과 치료제의 관계는 유기체의 경우와 사회의 경우에서 근본적으로 다르다는 사실에 주의해야 한다.

내가 무언가 특별한 것을 암시하려는 것은 전혀 아니며, 모든 사람이 그것을 경험했다고도 말할 수 있다. 그것은 현재 이루어지고 있는 대화를 풍부하게 한다. 유기체는 지극히 예외적인 존재양식이다. 엄밀히 말해 거기에는 그 실존과 이상형 사이, 그 실존과 법칙 혹은 규범 사이 간극이 없다. 어떤 유기체가 존재하는 순간부터, 생존하는 순간부터 유기체는 가능태다. 그것은 유기체의 이상에 부합한다는 말이다. 그 실존의 규범 혹은 법칙은 유기체의 실존 자체에 주어져 있다. 따라서 살아 있는 유기체의 경우, 지극히 진부하지만 인간 유기체를 예로 든다면, 이 유기체가 손상되거나 병들었을 때 회복시켜야 하는 규범은 조금도 모호하지 않다. 병든 유기체가 이상으로 삼아야 할 것을 우리는 너무도 잘 알고 있다. 병든 유기체가 이상으로 삼는 것은 동종의 건강한 유기체다. 유기체의 장애가 무엇으로 구성되었는지 정확히 알지 못하더라도, 의사가 질병의 성격에 대해 토론하고 치료제의 성분과 투여에 대해 토론하더라도, 이 치료제의 기대효과에 대해서는 누구도 토론하지 않는다. 이 치료제의 기대효과는 병든 유기체를 건강한 상태의 유기체로 회복시키는 것이다. 요컨대 여기서 유기체의 이상은 모든 사람에게 명백하다. 그것은 유기체 자신이다. 간의 질병이나 눈병의 진단과 치료에 대해 주저할 수는 있다. 그러나 치료에서 무엇을 기대해야 하는지 주저하는 사람은 하나도 없다. 사람들이 당연히 기대하는 것은 간이 담즙을 분비하는 것이고 눈이 만족스럽도록 날카로운 시력을 가지는 것이다. 요컨대 유기체의 차원에서 질병의 성격에 대해 모든 사람이 함께 토론할 수는 있으나, 좋은 것의 이상[즉, 건강]에 대해 토론하는 사람은 하나도 없다.

그러나 사회와 사회적 혼란, 사회적 장애의 실존은 해악과 개혁 사이에 완전히 다른 관계가 나타나게 한다. 왜냐하면 사회에 대해 사람들이 토론하는 것은 사회의 이상적인 상태나 그 규범이 무엇인가에 대한 것이기 때문이다.

정확히 여기에서 문제가 제기된다. 유기체의 목적성은 유기체 내부에 있다. 따라서 회복시켜야 할 이상은 유기체 그 자체다. 사회의 목적성은 정확히 말해 인간 존재의 중요한 문제 중 하나이자 이성이 자신에게 제기하는 근본적 문제 중 하나다. 인간이 사회에서 살아온 이래, 정확히 말해 모든 사람이 이상적 사회에 대해 토론한다. 반면 사회적 해악의 본성에 동의하는 것이 그 사회적 해악에 적용할 치료법의 범위에 동의하는 것보다 훨씬 용이하다. 현존하는 어떤 사회에서 사람들이 가진 사회 구성의 규범은 닫혀 있지 않다. 그 이유에 대해서는 잠시 후 말하고자 한다. 불의를 종식시키기 위해 사람들이 계획하거나 꿈꾸는 가능한 해결책이 복수인 이유는 거기에 있다. 유기체의 차원에서 장기나 기관, 유기체의 기능은 명백하다고 말할 수 있다. 그러나 때로, 혹은 자주 모호한 것은 장애désordre의 본질이다. 반대로 사회적 시각의 관점에서는 무엇이 정상적 기능인가보다는 무엇이 악용, 혼란, 해악인가가 훨씬 분명하다. 혼란에 대한 집단적 동의는 훨씬 용이하게 이루어진다. 유아 노동, 관료주의의 타성, 알코올 중독, 매춘, 자의적 경찰력 등은 집단적 관심과 집단적 반감이 손쉽게 향하는 사회적 악이다(물론 좋은 믿음과 선한 뜻을 가진 사람들이 생각하는). 반면 해악에 대해 동의하는 같은 사람들이 개선 방법에서는 갈라진다. 어떤 사람에게는 치료법으로 보이는 것이 다른 사람에게는 해악 그 자체보다 더 나쁜 상태로 보이기도 한다. 그것은 정확히 어떤 사회의 생명이 그 사회 자체에 내재해 있는 것이 아니기 때문이다.

사회적 차원에서 광기가 이성보다 더 잘 구별되는 반면, 유기체 차원에서는 건강이 질병의 본질보다 더 잘 구별되고 명백하다. 이러한 생각은 영국 저자 체스터턴이 거의 알려지지 않았으나 불어로 번역된 그의 책 『이 세상에 무엇이 잘못되었나?』에서 훌륭하게, 약간은 너무 과도하게 발전시켰다. 그는 늘 하던 버릇대로 이 주제에 대해 아주 흥미롭고 자극적인 역설을 만드는 것에 만족한다. 그러나 묘사하는 것은 충분하지 않다. 내가 설명하겠다고 말하는 것은 아니다. 그럴

의도도 없다. 그러나 나는 접근 가능한 관찰에서 출발하여 설명의 몇 가지 원칙을 어떻게 정초할 수 있는지를 선한 의지를 가진 모든 사람에게 보여 주고자 한다.

여기서 나의 강연 제목에 나타난 '조절'이라는 단어가 등장하게 된다. 이것은 학술적 용어다. 그러나 옛날 사람들은 증기기관차의 조절기가 무엇인지, 또 조절역gare régulatrice[34]이 무엇인지 모두 알았다. 그런 의미에서 조절은 꼭 학술적 용어는 아니다. 조절 개념은 친숙한 개념은 아니지만 그렇다고 딱딱한 개념도 아니다.

살아 있는 유기체는 다음과 같은 특징을 가진 존재 유형이다. 즉 유기체의 모든 부분은 변함없이 존재하며 그들 상호 간에 항구적인 영향을 주고받는다. 유기체의 고유성은 그것이 하나의 전체로서 살아 있다는 것이며 하나의 전체로서만 살 수 있다는 것이다. 이것이 가능한 것은 유기체 안에 조절 장치나 조절 기전이 총체로서 존재하기 때문이다. 그 결과 통합성이 유지되며 전체로서 유기체가 지속하게 된다. 유기체의 조절이라는 개념은 아주 최근의 것이다. 잠시 후 나는 유기체적 조절의 몇 가지 주요 유형의 사례를 제시할 것이다.

클로드 베르나르의 생리학과 더불어 시작하는 이 개념은 결국 히포크라테스 의학의 아주 오래된 통찰을 확인하는 것에 지나지 않는다. 즉 유기체는 살아 있는 존재이기 때문에 그 유기체가 겪

34 전쟁 중 인력과 자원을 조달하는 중간기지 같은 것을 말한다. —옮긴이

을 수 있는 손상이나 문제에 대한 일종의 자연적 투약, 자연적 보상 compensation이 존재한다는 것이다. 유기체는 그것이 유기체라는 사실만으로도 그 유기체가 살고 있는 세계에서 그가 겪게 되는 일탈을 교정하고 손실을 보충하는 기전의 체계를 내포한다. 조절 기전이 존재함으로 인해 그 유기체는 자신의 환경 안에서 상대적으로 독립적인 생존이 가능해진다. 아주 간단한 예로 과거에 냉혈동물과 온혈동물이라고 불렀던 동물의 사례를 거론하고자 한다. 이들 동물을 오늘날에는 보다 학술적으로 변온동물과 항온동물이라 부른다. 냉혈동물은 온도조절 장치가 없으며 주위 온도에 종속된다. 항온동물은 환경의 변동과 무관하게 편차를 보정하고 일정한 온도를 유지하게 하는 조절 시스템을 갖고 있다.

유기체 자체는 그것이 존재한다는 사실만으로도 모종의 대립을 해소한다. 그 대립이란 안정성과 변용 사이의 대립이다. 이 독특한 사실을 표현하기 위해서는 생리학적인 동시에 도덕적 의미를 가진 용어가 필요하다. 모든 유기체에는 선천적인 절제와 선천적인 통제와 선천적인 평형이 있다. 이 선천적 절제와 통제와 평형을 학술적 용어로는 미국 생리학자 캐넌 이후 '항상성'homéostasie이라 부른다.

유기체의 안정상태는 유기체의 모든 부분에서 이 부분들의 자연적 생활 환경이 일정하게 유지될 때 얻어진다. 그것은 편차가 안팎으로 너무 커지지 않도록 유지하는 것으로 이러한 환경을 클로드 베르나르 이후 '내적환경'milieu intérieur이라 부른다. 18세기 말과 19세기 초의 생물학자들은 유기체와 종의 변용과 적응을 설명하기 위해 환경 개념을 사용했다. 마찬가지로 클로드 베르나르는 유기체 내부에서 어떻게 각 부분이 다른 모든 부분과 관계를 맺는가를 설명하기 위해 내적환경 개념을 사용했다. 그것은 염, 물, 내분비물로 구성된 일종의 액상 모체에 의해 매개된다. 고등동물에서 내적환경(액상 모체)의 안정성은 이 모든 작동의 핵심인 두 개의 기구, 즉 신경계와 내분비계에 좌우된다. 클로드 베르나르의 독창성은 내적환경이 실재함을 보여 주는 데 있다. 그런데 더 독창적인 것은 그가 유기체 자신이 이 내적환경을 만들어 낸다는 사실을 보여 준 것이다. 나는 여기서 유기체의 조절이 특별한 두 기구, 즉 신경계와 내분비계에 의해 보장된다는 사실을 강조한다. 클로드 베르나르가 관심을 가졌던 조절은 생리학적 조절이었다. 예를 들자면 내적환경에 함유된 탄산의 정도에 따른 호흡운동의 조절, 물과 염을 제거하여 체액에서 삼투압의 변이를 무효화시키는 조절, 항온동물의 체온조절, 질소 평형 법칙을 유지시킴으로써 이루어지는 질소 공급의 편차 조절 등이다.

클로드 베르나르의 이러한 연구에 또 다른 두 가지 유형의 연구가 더해진다. 그것은 배아 발생과 재생에 관한 것이다.

발생학자들은 수정란에서 배아의 생명이 진행됨에 따라 각 부분에 대한 일종의 총체적 통제가 존재한다는 사실을 발견했다. 그것은 수정란에 어떤 변이가 일어나더라도 생명체는 특정한 형태의 통합성을 유지한다는 사실이다. 예를 들자면 하나의 수정란을 반으로 나누거나 반대로 두 개의 수정란을 하나로 합했을 때, 이들 각 개체가 하나의 정상적인 수정란의 발생에서 얻어지는 것과 동일한 모든 특성을 양적으로는 다소 차이가 발생할 수 있으나 가질 수 있다는 것이다.

여기서 소위 특정 형성체organisateur의 조절은 다음과 같은 방식으로 이루어진다. 수정란은 조절을 통해 외부요소에서 받을 수 있는 손상을 피하고 예정된 특정 형태가 한결같이 보존되고 유지되도록 한다.

마찬가지로 결과에 지나지 않지만, 일부 동물에서 이루어지는 재생은 이 동물들이 절단을 당한 이후 다소 양적인 차이는 있으나 원래의 형태를 회복하게 해준다. 이러한 사실은 일종의 질료에 대한 형상의 지배와 부분에 대한 전체의 지휘를 잘 보여 준다.

내가 조금 전에 말한 생물학자 캐넌은 이러한 조절 기전을 간략히 제시한 저작의 제목을 『육체의 지혜』라고 붙였다. 이 제목을 보고 미소 지을 수는 있지만, 숙고해 볼 가치가 있다.

고대 이교의 지혜 관념은 어떤 것이었나?

[고대철학 전문가인] 내 친구 슐의 비판을 받지 않기 위해 이 문제에 대해서는 간단히만 언급하고 넘어가겠다. 지혜의 관념은 본질적으로 일상적 행동의 중용, 통제, 억제였다. 지혜는 인간이 상궤의 이탈에, 일탈하고자 하는 항구적 시도에, 탈선에, 그리고 한계에 대한 무시에 사로잡히지 않도록 지켜 준다.

많은 그리스 사상가가 우주와 전체에 대해 가졌던 관념이 건강한 유기체에 대한 관념이었다는 사실은 명백하다. 유기체의 모든 부분은 서로 조화를 이루며 공존하고 각 부분 사이의 기능적 관계는 일정하게 유지된다. 이 전체의 내부에, 동시에 생명이기도 한 이 질서의 내부에 인간을 포함한 각 존재는 자신의 자리를 갖고 있다. 각자는 그 자리에서 다른 존재들과 협력해서 일해야 한다. 각자는 항상 전체의 필요에 예속되는 기능적 관계들을 준수해야 한다.

고대의 지혜에 대한 이러한 관념은 아마도 생명에 대한 통찰에서 빌려온 이미지에 이식된 관념일 것이다. 물론 지혜로운 것은 몸이 아니라 이성이다. 그러나 우리가 육체의 지혜에 대해 말할 때, 우리는 균형의 이미지를 육체에 복구시켜 준다. 이것은 분명 모든 경우에서 지혜의 관념이 발전한 이미지이며, 나는 그것이 이식되었다고 말한 바 있다.

그런데 캐넌의 책에는 「생물학적 항상성과 사회적 항상성 사이의 관계」라는 제목의 에필로그가 포함되어 있다. 캐넌은 여기서 전문가들이 모두 가지는 특유의 성향에 굴복한다. 그는 학자와 대중이 공유하는 다음과 같은 유혹에 굴복한다. 그것은 조절과 항상성이라는 멋진 개념을 사회학에 도입하려는 유혹이다. 그는 이 책의 앞선 부분에서 조절과 항상성의 기전을 잘 보여 준 바 있다.

이러한 상호연결에 흥미가 없지 않으므로 곧 말하겠지만, 캐넌의 이 책은 그가 1930년 소르본대학에서 행한 강연을 재수록한 것이다. 그는 당시 하버드대학 교수였다. 그런데 1930년은 베르그송이 『도덕과 종교의 두 원천』에 마지막 작업(아마 교정지 검토)을 했던 해이기도 하다. 따라서 그에게 베르그송의 영향이 거의 없었음은 확실하다. 그러나 모든 것을 읽고 모든 것을 알고 있었던 베르그송은 그보다 훨씬 선행했던 캐넌의 작업을 알고 있었을 것이다. 흥미로운 점은

1930~1932년에 캐넌과 베르그송이 동일한 문제에 봉착했다는 사실이다. 한 사람은 자신의 생물학에서, 또 다른 한 사람은 자신의 철학에서 이 문제에 봉착했다.

사회적 항상성에 대한 캐넌의 에필로그가 그의 책에서 가장 취약한 부분이라는 사실은 반드시 말해야겠다. 먼저 그것은 너무 짧다. 그가 겸손했으며 자신의 영역을 벗어났으므로 신중하게 논의를 전개했다고 말할 수도 있다. 그럼에도 불구하고 그것은 너무 짧을 뿐 아니라 너무 취약하다. 왜냐하면 비교된 내용 대부분은 정치학이나 사회학의 공통점에 기초하고 있는데 그 근거는 찾고 있지 않기 때문이다.

캐넌은 일탈은 완화시키고 장애는 보완하려는 조절 기전의 사례를 사회에서는 발견하지 못하느냐고 자문한다.

다음과 같은 구절을 그 예로 읽어 볼 수 있다.

> 처음에 몸의 정치 자체는 거친 자동안정화 과정의 징후를 드러낸다는 점은 주목할 만하다. 앞선 장에서 다음과 같은 가설을 표현한 바 있다. 그것은 복잡계가 어느 정도 일정하게 유지되는 것 자체가 이러한 일정함을 유지하기 위해 작동하거나 기꺼이 작동할 준비가 되어 있는 기전이 존재한다는 증거라는 것이다. 더구나 어떤 계가 계속해서 안정적인 것은 사소한 변화의 경향도 이러한 변화에 저항하는 요인에 의해 효과적으로 저지되기 때문이다. 우리에게 익숙한 많은 사실은 이러한 진술이 사회에 대해 진실임을, 비록 현재 그 사회가 불안정한 상태에 있음에도 불구하고 진실임을 입증한다. 보수주의적 경

향은 급진적 반란을 초래하며, 다음에는 보수주의로의 회귀가 그 반란에 이어진다. 느슨한 통치와 그 결과는 개혁가들에게 권력을 가져다준다. 그러나 그들이 엄격한 구속을 실행하면 이내 소란과 해방에 대한 갈망이 일어난다. 전쟁에 대한 고상한 열정과 희생은 도덕적 무감각과 방종으로 이어진다.[35]

이제 다음 구절에 좀 더 주의를 기울여 주기를 바란다. "한 국가에서 어떤 강한 성향이 재난의 단계에까지 이르는 경우는 거의 없다. 그러한 극단적 상태에 도달하기 이전에 이를 교정하는 힘이 발생해서 그 경향성을 저지한다. 일반적으로 그런 경향성이 과도한 정도가 되면 그 결과 반작용을 불러일으키게 된다." 나는 캐넌의 이러한 언급을 베르그송의 보다 심오한 언급과 비교하고픈 생각을 억제할 수 없다. 그것은 그의 책 『도덕과 종교의 두 원천』 마지막에 나타나는 것으로 그가 이분법의 법칙과 경향성의 이중 열광의 법칙이라 부른 것이다.

베르그송도 마찬가지로 사회는 역사의 매 순간 어떤 경향성에 의해 인도된다고 본다. 하나의 경향성은 다른 경향성을 압도한다. 그러나 그 경향성이 일종의 절정에 도달하면, 이번에는 그 반대의 경향성이 펼쳐질 것이다. 여러분도 아는 바와 같이 사회는 폐쇄된 동시에

---

35 Walter B. Cannon, *The Wisdom of the Body*, New York, W. W. Norton & Company, 1963, pp. 311~312. — 옮긴이

개방되어 있다. 다시 말해 사회는 유기체와 같이 자기보존을 목표로 한다는 점에서 보수적이다. 그러나 사회는 결국 자신을 넘어서서 인류로 나아가고자 한다. 물질을 가로지르는 이러한 도약은 창조의 무한한 흐름 속에서 보편적 실존을 수반한다.

그러나 베르그송은 캐넌처럼 추론하지 않는다. 캐넌이 말하는 사회적 몸의 지혜는 르 샤틀리에 법칙의 확장에 그치는 것 같다. 르 샤틀리에 법칙은 운동 중인 어떤 계에서 일부 교란이 발생하면, 그 교란에 대한 저항이 계 내부의 관계들로 인해 발생하게 된다는 것이다. 베르그송은 그와 반대로 만약 중간 위치 주위로 진동이, 즉 일종의 진자운동이 존재한다면, 사회에 관련된 진동추는 기억을 부여받으므로 돌아올 때는 갈 때와 같지 않다고 말했다. 적어도 캐넌이 거론한 사례에서 보수적인 것과 진보적인 것의 상호교대는 모든 사회에 대해 의미를 갖지 않는다. 그러나 그것은 의회기구에서는 의미를 가진다. 의회는 정치적 기구로서 불만을 전달하기 위해 만들어진 역사적 발명품이다. 그것은 원래부터 사회의 생명에 내재하는 유형의 기구가 아니다. 그것은 역사의 획득물이며, 특정 사회에 주어진 도구outil다.

도구라는 단어를 발음했으므로, 나는 우리가 사회를 유기체로 간주할 수 없는 이유를 이제 간략히 언급하고자 한다.

사회와 관련해서 우리는 조직체organisation와 유기체organisme를 뒤섞는 혼동을 제거해야 한다. 어떤 사회가 조직되어 있다고 해서(최소한의 조직체가 없는 사회는 없다) 그것이 유기체적이라고 말할 수는 없다. 사회적 수준에서 조직체는 유기체적 조직체의 차원보다는 설비의 차원이라고 나는 기꺼이 말하겠다. 왜냐하면 유기체를 가능하게 만드는 것은 정확히 유기체 전체의 차원뿐 아니라 모든 부분적 차원에도 합목적성이 현전한다는 사실이기 때문이다. 아마 여러분의 눈살을 찌푸리게 하는 것에 양해를 구하지만, 사회는 유기체 차원에 속하기보다는 기계나 도구 차원에 속한다.

물론 사회는 유기체와 몇 가지 유사한 점이 있다. 그것은 사회가 생명체의 집합체이기 때문이다. 정확히 말해 우리는 사회를 분해할 수 없다. 그러나 만약 우리가 사회를 분석한다면(이것은 분해와는 아주 다르다), 우리는 사회가 생명체들의 집합체라는 사실을 발견하게 될 것이다. 그러나 이 집합체는 개체도 아니고 종espèce도 아니다. 개체가 아닌 이유는 특화된 조절기구의 체계에 의해 획득된 합목적성과 총체성을 갖춘 유기체가 아니기 때문이다. 종도 아닌 이유는 사회는 베르그송이 말한 것처럼 닫혀 있기 때문이다. 인간 사회는 인간이라는 종이 아니다. 베르그송은 인간이라는 종은 특정한 사회성을 추구함을 보여 주었다. 따라서 사회는 개체도 아니고 종도 아닌 애매한 유적 존재로서 살아 있기도 하지만 기계이기도 하다. 사회 자체가 자신의 목적이 아니므로 사회는 단지 하나의 수단을 표상한다. 사회는 도구다. 따라서 사회는 유기체는 아니지만 조절을 전제로 하고 그것을 요청하기까지 한다. 조절 없는 사회는 없으며, 규칙 없는 사회도 없다. 그러나 사회에는 자기조절이 없다. 내가 말할 수 있다면, 사회의 조절은 항상 덧붙여진 것이고 항상 일시적인 것이다.

따라서 자연스럽게 사회의 정상상태는 질서나 조화보다는 혼란과 위기가 아닌가 하고 자문해 볼 수 있을 것이다. 내가 '사회의 정상적 상태'라고 말할 때, 이는 기계로 간주된 사회의 상태, 도구로 간주된 사회의 상태를 의미한다. 사회는 항상 혼란상태에 있는 도구다. 왜냐하면 사회에는 고유한 자기조절 장치가 결여되어 있기 때문이다. 내가 '정상상태'라고 말할 때, 그것은 인간 생명의 이상理想을 의미하지 않는다. 인간 생명의 이상은 혼란도 아니고 위기도 아니다. 그래서 사회적 생명에서 최상의 조절인 정의가 사회 자체가 생산한 기구의 형태를 취하지 않는 것이다. 비록 사회에 정의를 위한 제도가 있다 하더라도 그것은 사회에서 저절로 만들어진 것이 아니다.

따라서 사회에서 정의는 다른 곳에서 와야 한다. 베르그송은 바로 그것을 보여 주었다. 베르그송의 생각은 진지하고 주의 깊게 읽은 경우라도 보기보다 훨씬 더 심오하다(빨리 읽으면 아무것도 이해하지 못하므로 말할 필요도 없다). 나는 베르그송이 지혜와 영웅주의 사이에 했던 구별과 대립이, 정의는 사회적 제도가 될 수 없으며 사회에 내재한 조절이 아니라 사회와는 완전히 다른 것이라는 관념과 부합하는 것이 아닌가 하고 자문하게 된다. 이미 플라톤에게서도 정의는 사회체의 한 부분에 내재한 것이 아니다. 그것은 사회 전체의 형상이다. 만약 정의가 인간 사회를 조절하는 최고의 형상으로서 사회 자체에 태생적으로 존재하는 것이 아니라면, 정의는 다른 제도와 동일한 수준의 제도에 의해 실행될 것이다. 이것은 우리가 다음과 같은 사실, 즉 유기체의 지혜와 같은 지혜가 사회에는 없다는 사실을 이해하는 데 도움을 준다. 빛 속에서 살 때만 움직일 수 있고 생존할 수 있는

(빛 속에서 성장하며 살아가는 식물과는 다르다) 어떤 종이 있다고 가정해 보자. 그처럼 눈을 가진 종으로 태어났다는 이유로 통찰력까지 가져야 할 필요는 없다. 눈을 가지는 순간부터 우리는 본다. 그러나 우리가 눈을 갖고 보기 때문에 지혜로운 것은 아니다. 육체에 지혜가 있는 것과 같은 방식으로 사회에 지혜가 있는 것은 아니다. 우리는 애써 지혜롭게 되어야 하고, 애써 정의롭게 되어야 한다. 자발적인 사회적 정의, 즉 사회적 자기조절이 존재하지 않는다는 객관적 징표는 다음과 같다. 먼저 사회는 유기체가 아니라는 사실이다. 따라서 혼란과 위기가 사회의 정상상태이며, 사회는 주기적으로 영웅을 필요로 한다는 사실이다.

지혜와 영웅주의는 상호침투가 불가능하다. 지혜가 있는 곳에 영웅주의는 불필요하며, 영웅주의가 등장하는 것은 지혜가 없기 때문이다. 달리 말해 사회적 지혜의 부재로 인해, 사회적 항상성의 부재로 인해, 유기체를 유기체로 만들어 주는 이러한 조절의 부재로 인해, 정확히 이러한 것들의 부재로 인해 사회적 위기는 사회의 존재 자체가 위협받는 지경에 이른다는 사실이 설명된다. 바로 이 순간, 베르그송이 '영웅의 호출'이라고 부른 것이 등장한다. 현자가 문제를 해결하지 못하고, 문제가 제기되는 것을 피하지 못했기 때문에 영웅은 어떤 해결책을 발견하고 발명할 것이다. 당연히 이러한 해결책은 극단적인 상태에서만 발명할 수 있을 것이며, 위험에서만 발명할 수 있다.

정의는 사회적 기구가 아니라는 관념과, 모든 사회는 예외 없이 영웅이라 불리는 특출한 존재 덕분에 위기를 가로질러 살아남을 수 있었다는 관념 사이에 모종의 관계가 있다고 내가 믿는 이유는 거기에 있다.

사회는 유기체가 아니며, 사회가 유기체와 동일시될 수 있다고 말해지도록 내버려 둬서는 안 된다. 나는 다음과 같은 사실을 여러분에게 성공적으로 증명하지 못했을 수도 있다. 그것은 우리가 그 결과를 예측할 수 있는 모든 종류의 동일시에 대해 경각심을 가져야 한다는 사실이다. 그러나 적어도 내가 자신에게 제기한 문제가 여러분에게도 동일하게 숙고할 가치가 있는 것으로 보이도록 제기할 수 있었다면 그 사실만으로도 나는 기쁠 것이다.

# 옮긴이 해제

이 책은 캉길렘이 의학에 대해 쓴 글 다섯 편을 묶어 펴낸 것이다. 캉길렘이 생전에 펴낸 다섯 권의 책 가운데 의학박사 학위논문인 『정상적인 것과 병리적인 것』, 철학박사 학위논문인 『17, 18세기 반사 개념의 형성』을 제외한 나머지 책들은 모두 발표한 논문들을 비슷한 주제끼리 모아 펴낸 것이다. 이 책 역시 기존 발표논문의 모음집 형식을 취하지만, 캉길렘 사후에 그의 후학에 의해 묶여 나왔다는 점이 다르다. 학위논문을 제외하고는 일관성 있게 기획된 단행본이 없는 이유는 캉길렘이 생전에 너무 바빴기 때문이라고 한다. 차분하게 하나의 주제에 천착하여 글을 쓸 여유가 없었기 때문에 그때그때 요청받은 글을 나중에 묶어 책으로 펴내는 형식을 취하게 되었다는 것이다.

캉길렘이 다룬 주된 연구주제들은 생물학을 포함한 생명과학과 의학 문제다. 때로 생명과학과 의학의 경계가 모호한 경우도 있으나,

이 책에 실린 글들이 다루는 주제는 자연, 질병, 건강, 치유 그리고 유기체와 사회 등으로 의학의 핵심적 개념이거나 그 자체가 의학적 개념은 아니지만 '자연'처럼 의학에서 중요한 의미를 가지는 개념이다. 이 책은 분량은 작지만 다루는 각각의 주제는 묵직하다.

이 해제는 독자의 이해를 돕기 위해 이 책에 실린 각 글을 요약하고 간단한 해설을 덧붙인 것이다. 이런 형식을 취한 이유는 이 책이 독립적으로 발표된 글을 캉길렘의 사후에 모은 것이라는 점도 있지만, 캉길렘의 글이 가지는 특성 때문이기도 하다. 캉길렘의 글은 전후 관계가 논리적으로 잘 짜인 글이라기보다는 통찰력 있는 함축적 문장들을 툭툭 던지는 쪽에 가깝다. 그래서 개별 문장들에 대해서는 고개를 끄덕이고 생각도 해보다가도 읽은 한 편의 글이 가진 요지나 주제를 정리하기가 어려운 경험을 흔히 하게 된다. 그것은 번역의 과정에서도 마찬가지여서 같은 문장을 여러 번, 혹은 경우에 따라 수십 번 읽고 꼼꼼히 번역했지만 나중에 '내가 뭘 읽었지' 하고 머리가 휑해지는 느낌이 드는 당황스러운 경우가 많았다. 이 해제는 번역자의 그러한 당황스러움에서 출발했다. 번역자 스스로 내가 번역한 글의 요지를 정리해야겠다는 생각이 들어 많지도 않은 분량의 책에 상대적으로 많은 분량의 해제를 덧붙이게 된 것이다.

### 1. 자연

저자도 밝히듯이 의학에서 자연의 개념은 이미 히포크라테스 의학에서부터 제기되고 있는 역사가 깊은 문제다. 히포크라테스가 말하는 자연은 구체적으로 표현하자면 자연치유력이다. 생명체가 질병에서 스스로 회복하는 능력을 갖고 있다는 사실은 히포크라테스 시대의 의사만이 아니라 첨단의학이 발전한 오늘날의 의사도 인정하는 사실이다. 문제는 자연치유력을 어느 정도 신뢰할 것인가에 있다. 의학에서 자연의 역할에 대한 태도에는 두 가지 상반된 입장이 가능하다. 한쪽 극단에는 관망의학적 태도, 즉 의학적 개입을 최소화하고 자연이 행하는 바를 지켜보는 입장이 있다. 다른 쪽 극단에는 100퍼센트 인위적 개입을 통해 문제를 해결하려는 입장이 있다. 전자의 입장에 선다면 의학이 불필요할 것이고, 후자의 입장에 선다면 인간의 몸은 수리공이 고치지 않으면 저절로 고쳐질 수 없는 기계가 될 것이다. 현실에서의 의학은 이 두 극단 사이 어딘가에 위치할 것이다. 어느 쪽 극단에 더욱 가까운가는 경우에 따라 다르다.

자연이 질병에 걸린 인간을 회복으로 이끌 수도 있고, 반대 방향인 죽음으로 이끌 수도 있다. 만약 회복으로 이끈다면 의학이 개입할 필요는 없다. 개입하더라도 자연의 방향을 돕는 쪽으로 개입할 것이다. 반면 자연이 반대 방향인 죽음으로 향한다면 그 방향을 돌려놓기 위해 의학은 적극적으로 개입한다. 기본적으로 의학은 인위적 개입이다. 궁극적으로 죽음을 향해 가는 현재의 병적 상태에 개입해서 그 방향을 돌려놓거나 적어도 늦추는 것이 의학의 임무다. 의술의 신 아스클레피오스는 원래 뛰어난 의사였다. 그는 의술이 너무나 뛰어나서 저승에 간 사람도 다시 살려 냈다. 그런 일이 여러 차례 되풀이되자 생사의 법칙을 교란시킨 죄로 제우스의 번개에 맞아 죽었고, 죽은 이후에 의술의 신으로 재탄생했다. 그리스 신화에 나타나는 아스클레피오스 이야기는 의술이 죽음에 맞서는 기예임을 잘 말해 준다.

『히포크라테스 전집』에 『의술에 관하여』라는 저작이 있다. 이 글은 의사의 개입이 없이도 저절로 병이 낫는 경우를 들어 결국 의술이 불필요하다고 주장하는 사람에 대해 논박하는 내용을 담고 있다. 이 글에 등장하는 의술의 반대자가 2500년 전에만 있었던 것은 아니다. 오늘날에도 자연치유력을 과도하게 신뢰한 나머지 모든 의학적 개입을 부정적으로 보고 거부하는 극단적 태도를 취하는 이들이 있다. 몇 해 전 백신 거부와 민간요법, 수두파티 등으로 사회적 문제가 되었던 '안아키' 사례가 그 전형일 것이다. 자연치유력에 대한 지나친 강조는 자가치료, 민간요법 등을 거쳐 결국은 일종의 돌팔이 의료로 전락하게 된다. 자연치유력에 대한 맹목적 신봉이 가져오는 귀결은 동서양 관계없이 모두 비슷함을 캉길렘은 보여 주고 있다.

다시 자연의 문제로 돌아가 보자. 자연이 향하는 두 방향, 즉 회복과 죽음 중에서 자연은 특별히 어느 한쪽을 선호하지 않는다. 주어진 조건에 따라 방향을 취할 뿐이지 어느 한쪽에 특별한 가치를 부여하지 않는다. 자연은 탈가치적이기 때문이다. 태풍이 몰려오고 홍수가 나는 것이 인간에게는 재해일지 모르지만 자연에게는 주어진 기상조건에 따라 일어나는 자연현상일 뿐이다. 탈가치적 자연현상은 인간이 있기 때문에 재해가 된다. 마찬가지로 인간의 몸 안에서 일어나는 온갖 종류의 생리적 사태는 태풍이 몰아치고 지진이 일어나는 것처럼 자연의 입장에서는 결말이 어떻게 되어도 상관없는 자연현상이다. 그러나 인간은 그렇지 않다. 그 사태의 결과에 따라 인간 유기체는 죽을 수 있기 때문에 이를 막기 위해 인간은 가능한 수단을 동원한다. 자연은 탈가치적 존재이지만 유기체는 가치적 존재다. 여기서 말하는 가치는 도덕적이거나 정신적인 가치가 아니다. 유기체의 생존에 유리함이 곧 유기체의 가치이고, 유기체는 그 가치를 향해 움직인다. 그리고 의술은 이 가치 실현의 가장 중요한 수단이다.

의술은 인위적 개입으로 이 가치를 실현한다는 점에서 유교의 입장과 닮았다. 유교는 교육 혹은 교화라는 인위적 수단으로 인간이 추구하는 가치, 즉 덕을 함양할 수 있다고 본다. 반면 도교는 그러한 개입이 인간의 본성을 오히려 타락시킨다는 입장이다. 의학과 소위 자연의학의 대립은 유교와 도교의 대립 구도를 되풀이하는 것으로 볼 수 있다. 캉길렘은 유기체의 가치 문제를 그의 대표작이라 할 수 있는 『정상적인 것과 병리적인 것』에서 집중적으로 다룬 바 있다.

캉길렘이 자연에 대한 첫 번째 글에서 다루고 있는 것은 앞서 말한 바와 같이 히포크라테스 의학에서 말하는 자연치유력에 집중되어 있다. 자연의 다른 측면, 즉 가치와 관련된 논의나 인위적 질서와의 관계 등은 다른 글에서 다루어지고 있다. 그렇다면 히포크라테스적 자연치유력에 대한 캉길렘의 견해는 무엇인가? 아마도 그의 견해는 다음의 글 속에 잘 표현되어 있는 것으로 보인다.

> 요컨대 비-히포크라테스적 의학이 반-히포크라테스적 의학은 아니다. 그것은 비-유클레이데스 기하학이 반-유클레이데스 기하학이 아

닌 것과 마찬가지다. 자연의 치유 능력은 그것을 통합하면서 그것을 통제하는 치료에 의해 부정되지 않는다. 그것은 자신의 고유한 자리에, 보다 정확히 말하면 치료의 한계 안에 포함된다. 히포크라테스주의는 자연의 힘에 한계가 있음을 인정한다.

히포크라테스 의학이 자연치유력을 강조한 것은 당시의 의학이 가진 효과적 개입 수단이 극히 제한적이었기 때문이라는 것이 번역자의 개인적 견해다. 히포크라테스 시대 이후 의학은 많은 발전을 이루었고 그 성과들은 일견 히포크라테스적 자연치유 사상에 반하는 것으로 생각될 수도 있다. 그러나 캉길렘은 효과적 치료수단이 발달하여 적극적 개입을 위주로 하는 현재의 의학이 비non-히포크라테스적이긴 하지만 반anti-히포크라테스적은 아니라고 말한다. 현대의학이 발달한 것은 분명한 사실이지만 여전히 치료의 한계는 존재하며 자연치유력은 그 한계 안에 자신의 자리를 마련하기 때문이다. 현대의 비히포크라테스적 의학은 계속되는 발전을 통해 치료의 한계를 계속해서 뒤로 물릴 것이다. 그러나 그 한계가 없어지지는 않을 것이므로 차지하는 영역이 축소는 되더라도 자연치유력은 여전히 의학의 한 부분을 차지하게 될 것이다. 그런 의미에서 캉길렘은 의술과 자연의 관계를 두고 "의술은 자연의 변증법"이라 표현했다. 또 한편으로 히포크라테스 시대에는 자연에 속하지 않는 것을 자연에게 요구하는 것이 무지였다. 그러나 자연의 한계에 상대적으로 구애받지 않게 된 현대에는 자연에 속하지 않는 것도 자연에 요구할 수 있게 되었다. 달리 말해 자연이 자신의 한계를 넘어서도록 자연에게 강요할 수 있는 수단을 가지게 된 것이다. 따라서 이제는 그런 요구를 자연에게 하지 않는 것이 무지가 된다. "의술은 자연의 변증법"이라는 캉길렘의 말은 그렇게도 이해될 수 있을 것이다.

### 2. 질병

질병에 대한 사유는 아마도 의학에 대한 철학적 성찰에서 핵심적 위치를 차지할 것이다. 우리는 질병에 대해, 그리고 질병을 통해 가능한 모든 철학적 논의를 할 수 있다. 캉길렘은 두 번째 글에서 질병에 대한 다양한 성찰을 압축적으로 하고 있다. 먼저 그는 질병 개념의 역사적 변천 과정을 개괄한다. 주술적·종교적 기원을 가진 질병 개념이 그리스 의학에서 합리적 설명 틀 안에 들어오는 과정과 이후 질병 개념의 의학화 과정을 간략히 서술한다. 이후 질병이 환자에게서 유리되어 고유한 실체로서 다루어지는 역사적 배경을 과학의 발전과 노동력으로서 인구집단에 대한 산업사회와 국가의 관심에서 찾는다. 이 지점에서 캉길렘은 의학을 사회-정치적 관점에서 조망한다. 사실 생명과학과 의학에 대한 자신의 인식론적 연구를 통해 개념의 중요성을 강조하는 캉길렘은 과학적 지식의 형성을 정치·사회의 직접적 영향으로 설명하는 방식을 좋아하지 않는다. 이런 방식을 대표하는 과학사의 소위 외적 접근법을 그는 "부유한 사회의 빈곤한 맑스주의적 입장"이라고 비판한다. 그런데 여기서 좀 더 자세히 살펴본다면 캉길렘이 과학의 경우와 의학의 경우를 달리하여 보는 것을 알 수 있다. 그가 의학을 과학과는 달리 보는 이유는 의학은 과학에 비해 사회적 실천의 성격이 강하다는 점에 있다.

그런 이유로 캉길렘은 두 가지 측면에서 사회-정치적 관점을 의학사에 도입하는 것을 정당화한다. 하나는 "앎이 행위로 변환되는 원인의 탐구"라는 측면이고 다른 하나는 "질병 자체의 출현과 경과에서 사회적 차원의 인과성"의 인정이라는 측면이다. 전자는 의학적 지식이 환자에 대한 시술로 실현되기 위해서는 사회적 장치의 매개가 불가결함을 말한다. 의료는 사회적인 행위이고, 사회적인 맥락을 떠난 의료행위는 특히 현대사회에서 존재하기 어렵기 때문이다. 후자는 "의학은 사회과학"이라고 선언한 피르호의 유명한 명제를 되풀이한 것으로 볼 수 있다. 직업병이나 산업재해 등이 가장 직접적인 사례가 될 것이고, 그 외에도 환자가 처한 사회적 환경이 발병의 직간접적 조건이나 원인이 되는 경우는 많다.

이상에서 언급된 질병의 다양한 측면은 캉길렘 특유의 방식으로 표현되고 있지만, 그 내용이 특별히 새로운 것은 아니다. 캉길렘은 뭔가 특별히 새로운 내용을 제시하기 위해 이 글을 쓴 것이 아니다. 이 글이 백과사전의 항목으로 집필되었기 때문에 개인의 견해보다는 해당 주제에 대한 기존의 다양한 논의를 요약하고 정리하는 방식으로 기술된 것은 당연하다. 그럼에도 불구하고 이 글에 나타나는 한 가지 특징은 질병의 실존적 의미를 강조하고 있다는 점이다. "질병은 살겠다고 요구하지 않았지만 살도록 강제된 인간이 결국 지불해야 할 대가다. … 죽음은 생명 안에 들어 있으며, 질병이 그 표식이다"와 같은 문장이나 "질병은 생명체가, 혹은 인간이 죽음을 면할 수 없는 존재임을 시인하게 강제하는 생명의 도구다"와 같은 문장이 그것을 잘 보여준다. 우리는 질병에 대해 다양한 논의를 할 수 있지만, 질병은 결국 개인에게 그 존재의 취약함을 경고하는 실존적 사건으로 다가옴을 캉길렘은 깨우쳐 주고 있는 것이다.

### 3. 건강

질병에 대해 말했으니 이제 건강에 대해 말할 차례다. 물론 캉길렘이 이러한 순서로 글을 배치한 것은 아니지만, 질병에 대한 논의를 염두에 두고 건강에 대한 그의 논의를 따라가 보자. 그런데 '건강'에 대한 글은 다소 난해하므로 그의 논의를 정리해 가며 논지를 파악해 보도록 하겠다. 먼저 캉길렘은 "건강은 장기들의 침묵 속에서 누리는 삶"이라는 르리슈의 건강 정의로 글을 시작한다. 캉길렘은 르리슈의 이 정의에 동의하지는 않지만 『정상적인 것과 병리적인 것』에서부터 이후 자신의 여러 글에서 이 정의를 즐겨 인용한다. 르리슈에 이어 다른 의학자와 철학자들의 건강에 대한 정의도 언급하는데 이들은 모두 건강을 고통이나 질병의 부재로, 다시 말해 소극적으로 정의한다. 건강에 대한 이러한 소극적 · 부정적 정의는 칸트에서 정점에 이른다. 칸트는 "사람들은 자신이 건강한지를 결코 알 수 없다. … 아프다는 느낌이 없을 때, 우리는 자신이 **외관상** 건강하다고 말하는 것 말고는 달리 자신의 건강함을 표현할 수는 없다"라고 말했다. 이러한 말을 통해 우리는 칸트가 건강을 물자체와 같은 것으로 보고 있음을 알 수 있다. 칸트는 "건강을 지식의 영역 너머의 대상으로" 만들었다. 이러한 칸트의 언명을 따른다면 건강에 대한 과학은 존재하지 않는다. 상실과 부재로서만 그 존재를 드러내는 건강을 우리는 인식의 대상으로 포착할 수 없기 때문이다.

부재로서의 건강에 맞서 캉길렘은 "건강은 몸의 진리"라고 주장한 데카르트의 명제를 옹호한다. 건강이 몸의 진리라는 명제는 설명이 필요하다. 여기서 말하는 진리는 대상과의 일치를 지칭하는 인식론적 진리나 논리적 진리를 의미하지 않는다. 그것은 어원적 의미에서 "그것에 의해 사물의 그러함이 나타나는 성질"로서의 진리인데, 몸의 본성을 온전하고 확실하게 유지함을 뜻한다. 캉길렘은 데카르트적 건강 개념의 강력한 지지자로 니체를 발견한다. 니체에 따르면 건강한 몸은 진실성을 가진다. 우리의 몸은 위대한 이성이며 "그대의 몸 안에는 그대가 가진 최상의 지혜 안에 있는 것보다 더 많은 이성이 들어 있다".

몸의 진리로서 건강의 개념은 근대국가 성립 이후 개인의 건강이 국가의 집단적 관리 대상이 되면서 변질된다. 개인의 건강에 대한 행정적 통제가 실행되는 공간은 역사적으로 확장되고 있다. 캉길렘은 개인의 건강에 대한 무분별한 개입의 확장을 제한하기 위해 세계보건기구가 건강에 대한 공식적 정의를 발표하게 되었다고 말한다. 세계보건기구가 정의한 건강 개념은 보건학이나 의학 그리고 관련 분야에서는 일반화된 상식처럼 알려져 많이 언급되고 있으나, 그것이 가지는 역사적 맥락이 언급되는 경우는 거의 없다. 그 정의는 다음과 같다. "건강은 육체적, 정신적, 사회적으로 완전한 안녕의 상태이며 단지 허약함이나 질병이 없는 상태가 아니다." 여기서 눈에 띄는 점은 허약함이나 질병의 부재로서 건강을 소극적으로 정의하는 것이 아니라 보다 적극적으로 정의하고 있다는 점이다. 또 하나, 이 정의는 건강을 육체적 차원만이 아니라 정신적 차원과 사회적 차원으로 '확장'시켰다고 일반적으로 평가된다. 그런데 캉길렘은 이 정의가 개입의 범위를 제한하기 위해 도입되었다고 주장하는데, 그 의미는 현재로서는 정확히 파악되지 않는다.

이 글의 마지막 부분에서 캉길렘은 자신이 생각하는 건강 개념을 제시한다. 그것은 잉여와 사치로서의 건강이다. 사실 이러한 건강 개념은 이미 『정상적인 것과 병리적인 것』에서 분명하고 자세하게 제시한 바 있다. 거기에 따르면 건강은 "규범의 위반을 허용하고, 새로운 상황에서는 새로운 규범을 확립할 수 있는 가능성"이다. 다시 말해 불확실하거나 변화무쌍한 환경의 변화를 수용해 낼 수 있는 여지가 클수록 더 건강하다고 말할 수 있다. 신장이 하나인 사람과 둘인 사람은 일상적인 상황에서는 특별한 차이 없이 모두 정상적으로 살아갈 수 있다. 그러나 신장의 능력을 극한적으로 요구하는 예외적 상황이 닥쳤을 때는 달라진다. 따라서 그는 건강이 일종의 생물학적 사치이며, 건강에 대한 남용은 건강의 일부를 이룬다고 본 것이다.

1988년에 발표한 이 글에서 "건강은 … 이중적 의미에서 겪는 보증, 즉 무릅써야 할 위험과 과감함에 대한 보증이다. 그것은 최초의 역량을 넘어설 수 있는 역량, 처음에는 가능해 보이지 않던 것을 할 수 있게 해주는 역량에 대한 느낌"이라고 말할 때, 얼핏 그는 40여 년 전 자신이 이미 제기한 건강 개념에 머물러 있는 것처럼 보인다. 그러나 그는 여기에 "건강은 몸의 진리"라는 데카르트적 명제를 새롭게 덧붙인다. 건강이 몸의 진리라는 주장은 건강이 부재가 아니라 탐구 가능한 적극적 실재임을 의미한다. 건강에 대한 적극적 탐구는 두 가지 방식으로 가능하다. 계수화가 가능한 방식과 가능하지 않은 방식.

계몽주의 시대에 철학적 성찰 대상이었던 건강은 근대국가의 등장과 함께 통제와 관리의 대상이 된다. 통제와 관리를 위해서는 계수화가 필요하다. "건강이 사회적 공동체나 직업적 공동체의 참여자로서의 인간에 대해 말해질 때" 건강에 대한 계수화, 수량화는 어느 정도 불가피하다. 그러나 캉길렘이 염두에 둔 건강은 그런 건강이 아니다. 그는 기구에 의해 측정되지 않는 "자유롭고 제약받지 않으며 계수화되지 않는" 건강을 옹호한다. 다만 이러한 건강이 "과학적으로 조건 지어진 건강"을 불신하고 "사적인 건강을 옹호하고 예증하려는 시도"를 의미하는 것은 아니다. 후자에는 우리 사회에서도 문제가 되었던 백신 거부 운동과 같은 비이성적 시도가 포함된다. 캉길렘은 건강에 대한 비이성적 태도와는 거리가 멀다. 오히려 그는 "존재론적 의미에서 건강을 몸의 진리로 인정한다면 논리적인 의미에서의 진리, 다시 말해 과학의 현존을 받아들일 수 있을 뿐 아니라 받아들여야 한다"고 주장한다. 존재론적 차원의 진리와 인식론적 차원의 진리는 공존 가능하다. 마찬가지로 인식 주체로서 인간과 대상으로서 인간은 공존 가능하다. 이러한 이중성이 철학적 사유의 가능 조건이며, 따라서 건강은 통속적 개념이기도 하지만 철학적 탐구 대상이기도 하다는 것이 캉길렘의 결론이다.

### 4. 치유

네 번째 글은 '치유'의 문제를 다룬다. 그런데 글의 제목이 「치유에 대한 교육은 가능한가?」다. 치유에 대한 철학적 성찰을 하는 것은 충분히 이해가 되는데, 왜 치유에 대한 '교육'을 문제로 삼는가 하는 의문이 자연스럽게 떠오른다. 그것은 글의 첫 문장이 말하는 것처럼 치유가 "환자와 의사 사이의 관계에서 일어나는 사건"이기 때문이다. 다시 말해 치유에 대한 의사의 객관적 기준과 환자의 주관적 기준 사이의 불일치가 치유에 대한 교육의 문제를 제기한다고 볼 수 있다. 검사상 나타난 수치에 이상이 없다는 의사의 객관적 진단과 그럼에도 불구하고 고통을 주장하는 환자의 주관적 호소 사이의 불일치를 우리는 주변에서 흔히 목격하거나 혹은 당사자로서 경험한다. 이러한 불일치는 단순히 질병이나 증상의 존재 여부를 둘러싸고 일어날 뿐 아니라 의학적 개입 이후의 결과, 즉 치유에 대한 평가를 두고도 일어난다. 그리고 이러한 불일치에서 일어나는 문제를 해결까지는 아니더라도 완화시키기 위해서는 '교육'이 필요하다는 것이 이 글의 요지다.

여기서 교육은 의사와 환자 모두에게 필요하다. 캉길렘은 먼저 의사에게 치유에 대한 교육이 필요함을 강조한다. 치료traitement와 치유guérison는 다르다. 치료는 환자에 대한 의학적 개입 행위만을 의미하지만, 치유는 개입의 결과, 그리고 그 결과에 대한 주관적 평가까지를 포함한다. 그런데 의과대학의 교육은 치료와 치유를 동일시하는 방식으로 이루어진다. 더 정확히 말하면 치료만을 교육하면서 치료가 곧 치유라는 잘못된 전제를 받아들이게 한다. 그 결과 치유에 대한 교육은 불필요해진다. 이에 대해 캉길렘은 다음과 같이 신랄한 비판을 가한다. "의사들은 자신들의 권고와 치료적 행동이 엄격하게 객관적인 토대 위에 있다고 확신하지만, 이는 의사들이 가지는 최악의 주관적인 직업적 환상이다. 의사와 환자 사이에는 긍정적이건 부정적이건 모종의 작용 관계가 반드시 형성되지만, 의사들은 이러한 관계를 무시하거나 망각하면서도 이를 정당화한다." 의사는 치료행위를 통해 치유에 영향을 미치지만, 의사의 치료만으로 치유가 완성되지는 않는다.

다음으로 환자를 향한 교육도 필요하다. 환자 또한 치유를 이전 상태로의 완전한 회복으로 이해해서는 안 된다. 열역학 제2법칙에 따라 일단 생겨난 유기체는 가역적으로 이전 상태로 돌아갈 수 없다. 시간의 흐름 속에 위치하는 모든 유기체는 항상 변화하므로 결코 동일한 강물 속에 발을 두 번 담글 수는 없다. 따라서 환자는 치료의 결과로 얻은 치유 이후의 건강과 치유 이전의 건강이 동일하지 않음을 인정해야 한다. 캉길렘에 따르면 "건강은 항구적 만족 상태가 아니라 위태로운 상황을 통제하는 **선험적** 능력이며, 이 능력은 계속되는 위험을 통제하며 쇠약해지기 때문"이다. 의사는 환자에게 치유가 원상태로 돌아가는 것이 아님을 분명히 인식시켜 줌으로써 환자가 이전 상태에 집착하지 않도록 도와줘야 한다. 의학적 치료 이후에 찾아온 변화된 건강에 가치를 부여하고 거기에 따라 환경과 새로운 관계 형성을 배우는 것은 남에게 위임할 수 없는 환자의 책임이기 때문이다.

### 5. 유기체와 사회

이 책의 마지막 글은 '조절' 개념을 중심으로 유기체와 사회의 관계를 논한다. 이 글이 발표된 것은 1955년으로, 유사한 내용이 『정상적인 것과 병리적인 것』의 후반부, 즉 원래의 학위논문 발간 20년 후에 덧붙인 「새로운 고찰」에 실려 있다. 유기체와 사회를 동일시하거나 유비적으로 이해, 혹은 설명하려는 시도는 동서양을 막론하고 고대부터 존재했다. 캉길렘은 이 글에서 고대 그리스의 사례를 언급하지만, 중국 고대의 의학고전인 『황제내경』이 인체의 각 장부를 관료조직에 비유해 설명하고 있다는 사실을 알았다면 반갑게 인용했을지도 모르는 일이다.

방향은 두 가지다. 사회를 설명하기 위해 유기체를 끌어들이거나, 반대로 유기체를 설명하기 위해 사회를 끌어들이는 것이다. 처음에는 주로 유기체를 설명하기 위해 사회를 끌어들였다. 고대 그리스의 알크마이온이 질병을 반란으로 표현하거나 『황제내경』이 장부를 관료조직으로 설명하는 것이 그러하다. 반면 근대 이후에는 사회를 설명하기 위해 유기체를 끌어들이는 경우가 더 일반적이다. 어느 쪽이든 비유적 차원에서 현상을 설명하는 데 도움이 된다면 상관없지 않냐고 반문할 수도 있을 것이다. 이에 대해 캉길렘은 유기체와 사회 사이에는 근본적인 차이가 존재한다고 강조한다. 먼저 유기체는 이상적인 상태가 자명함에 비해, 사회는 이상적인 상태에 대한 합의가 존재하지 않는다. 우리 몸이 병들거나 약해졌을 때, 우리가 목표하는 상태는 분명하며 거기에 다른 의견이 있기는 어렵다. 반면 사회의 경우는 정치적 입장이나 가치관에 따라 우리가 지향해야 할 이상적 사회의 모습에 대해 다른 생각을 가질 수밖에 없다.

캉길렘은 사회가 유기체라기보다는 도구에 가깝다고 본다. 그것은 유기체가 전체의 차원에서나 부분의 차원에서 일관된 합목적성을 가지는 것에 비해 사회는 그렇지 않기 때문이다. 그리고 유기체의 이상理想은 유기체에 내재되어 있지만, 사회의 이상은 사회에 내재되어 있지 않다. 따라서 사회의 이상인 정의는 항상 외부에서 온다. 그래서 사회는 그 정의를 가져올 영웅이 항상 필요한 것이다. 캉길렘에 따르면 사회는 혼란이 정상상태다. 왜냐하면 "사회에는 고유한 자기조절 장치가 결여되어 있기 때문"이다.

그렇다면 캉길렘이 유기체와 사회의 근본적 차이를 강조하고 이들을 동일시하는 경향을 경고하는 이유는 무엇인가? 사실 이 글에서 캉길렘은 그것을 명백하게 말하고 있지는 않다. 그러나 그의 암시에 따라 우리 나름의 이유를 끌어낼 수는 있을 것이다. 우선 모든 사회의 (통치) 질서는 인위적인 것이라는 사실을 명심할 필요가 있기 때문이다. 누군가 현 상태를 자연적인 상태로 제시한다면, 그것은 기존 질서를 도전할 수 없는, 또는 변경되어서는 안 되는 선험적 질서로 고정하고자 하는 의도에서 나온 것이다. 누구도 이상적인 사회의 상태를 고정하고 이를 유일한 가능성으로 강요할 수 없다. 이 유일성은 인간의 정치적 자유만이 아니라 사상의 자유마저도 박탈할 것이 자명하다.

사회와 유기체를 동일시하는 사회유기체설의 주장자들은 잠재적 독재주의자라고 봐도 크게 틀리지 않을 것이다. 왜냐하면 그들은 사회가 유기체와 같이 일사불란하게, 어떤 이의제기도 없이 흘러가기를 바라기 때문이다. 사도 바울이 말하는 몸과 지체의 비유는 이를 단적으로 말해 준다. 우리 몸에서는 손이 발에게, 눈이 손에게, 머리가 발에게 이의제기를 하는 것이 불가능하다. 즉 몸 가운데서 분쟁은 없다(「고린도전서」, 12장 25절). 바울은 유기체의 특징을 정확하게 알고 있었다. 그러나 지체 간에 논쟁이나 다툼이 없는 사회는 존재하지 않으며, 그러한 사회가 바람직하지도 않다.

캉길렘의 연구는 대부분 의학이나 생명과학의 특정 개념을 대상으로 하는 의학사나 과학사의 지극히 전문적인 탐구로 이루어져 있다. 따라서 그의 사상에서 사회적인 의미를 끌어내는 작업은 쉽지 않아 보인다. 그러나 미셸 푸코의 평가처럼 캉길렘의 이름은 그의 전공 영역과는 거리가 있는 다른 분야의 논쟁에서 흔히 발견된다. 그것은 그의 사상이 가지는 확장성을 말해 주는 것이며, 특히 유기체와 사회의 관계에 대한 그의 논의가 보여 주는 바와 같이 그의 사상이 가지는 정치철학적 함의들은 앞으로 더욱 발전시킬 여지가 많은 부분이라 생각된다.

* * *

오래전에 시작만 해놓고 방치해 두었던 원고들을 최근 하나씩 마무리해서 내보내고 있다. 이 책도 그렇게 마무리된 원고 중 하나다. 분량이 많지 않지만 이렇게 책으로 나오는 데에 10년 이상의 시간이 걸렸다. 예상치 못한 상황도 있었다. 이 책은 캉길렘 사후에 그가 의학에 대해 쓴 글을 편집자가 모아서 펴낸 것이다. 그런 이유로 다섯 편의 글 중 저작권을 달리하는 글들이 섞여 있어 세 저작권사와 계약을 맺어야 했다. 다행히 출판사에서 복잡한 계약을 감수하는 결단을 내려 주어 이 책의 한국어 번역본이 빛을 볼 수 있었다. 그린비 출판사에 진심으로 감사드린다.

이 책은 개인적으로는 네 번째 캉길렘 번역서다. 캉길렘의 책을 처음 읽고 번역을 시작한 지 어느새 30년에 가까워지지만, 여전히 그의 글은 어렵고 불편하다. 그런데도 지금껏 그의 글을 들고 만지작거리는 것은 그것이 주는 통찰력 때문일 것이다. 현재 프랑스에서 출간이 마무리되고 있는 캉길렘의 전집 이외에 캉길렘 생전에 출간된 미번역 저서는 두 권이 있다. 이 책들은 캉길렘을 전공하는 뛰어난 후학들이 충실하게 번역할 것이라고 기대한다.

얼마 전 정계섭 선생님의 부음을 한 달이나 지나 접했다. 선생님은 1980년대 프랑스에서 언어학을 전공하시고 덕성여대 불어불문학과 교수로 재직하셨다. 퇴직 후 최근까지도 논리학, 언어철학 연구를 열정적으로 해오시며 새 저서가 나올 때마다 보내 주셨다. 또 아는 사람이 많지 않지만, 선생님은 바슐라르의 과학철학 저서도 번역하신 바 있다. 언젠가 선생님을 모시고 프랑스 인식론 연구회를 만들면 좋겠다고 혼자서 막연히 생각만 하고 있었는데 이제 무망한 바람이 되었다. 지난 1월 선생님을 처음 만났던 인사동의 한 음식점에서 선생님과 막걸리를 마시며 이런저런 이야기를 나누었는데, 그때 이 책에 대한 이야기도 잠깐 드렸던 것 같다. 몇 해 전 갑자기 전화를 주셔서 선생님이 소장하고 있는 프랑스 인식론 관련 책들은 본인 사후에 우리나라에서 읽을 사람이 없을 것이니 내가 그 장서를 받아 줄 수 있겠냐고 물어보셨다. 얼떨결에 그렇게 하겠다고 대답을 드렸는데, 너무 황망히 가시는 바람에 약속을 지키지 못하게 되어 송구스럽다. 선생님과의 길지 않았던 인연을 이렇게나마 기록해 한국에서 프랑스 인식론 연구를 개척하신 선생님을 기리고자 한다.

**캉길렘의 의학론**
자연, 질병, 건강, 치유, 유기체와 사회에 대하여

초판1쇄 펴냄 2022년 7월 8일

**지은이** 조르주 캉길렘
**옮긴이** 여인석
**펴낸이** 유재건
**펴낸곳** 그린비
**주소** 서울시 마포구 와우산로 180, 4층
**대표전화** 02-702-2717 | **팩스** 02-703-0272
**홈페이지** www.greenbee.co.kr
**원고투고 및 문의** editor@greenbee.co.kr

**주간** 임유진 | **편집** 홍민기, 신효섭, 구세주, 송예진 | **디자인** 권희원, 이은솔
**마케팅** 유하나, 육소연 | **물류유통** 유재영 | **경영관리** 유수진


**ISBN 978-89-7682-893-4 93160**

學問思辨行: 배우고 묻고 생각하고 판단하고 행동하고

독자의 학문사변행을 돕는 든든한 가이드 _그린비 출판그룹

**그린비** 철학, 예술, 고전, 인문교양 브랜드
**엑스북스** 책읽기, 글쓰기에 대한 거의 모든 것
**곰세마리** 책으로 통하는 세대공감, 가족이 함께 읽는 책